JN206925

小学校の子ども

――学びの基礎をみつめて――

石川律子

溪水社

まえがき

本書は、前著『小学校の教師——子どもを育てるしごと——』の姉妹編としてまとめたものです。記録に留めていた子どもたちの言葉や行動から浸みだしてくる学校生活のエキスを基に、教育に携わってきた経験を改めて整理して、学びの基礎を考え直してみたいと思いました。教育はいくら語っても語り尽くせないもので、それを論じた書物は枚挙にいとまがありません。教師に限らず、家庭でも地域でも、およそ世代を引き継いでいく社会全体が、それぞれに、独自の個性で、次世代に託す願いをこめて、教育にかかわっています。そして著者もそのひとりにすぎません。

三十数年にわたる教育実践のなかに甦る子どもたちの様相は、教師の教えをはるかに超えて学んでいく姿が鮮明です。そこにはもはや、教育を論じる余地も必要もないように思われます。それでも著者はあえて、この子どもたちのいきいきとした活動の実態を、著者自身の視点と教育理念に基づいていくらかの分析と解釈を試みました。それが、出会いかかわってくれた子どもたちへの一つの礼儀だと思うからです。したがって、ここに提示する著者の考えは、教育に関する多くの著作の一つにすぎず、教育理論や方法論として読者を説得したり押しつけたりする意図はないのです。そのことを、まずお断りしておきます。

教育とは何かと問われたら、学力をつけることと人とのかかわり方を学ぶこと、と著者は答えてきました。この二面があって、初等教育の目的である、社会で生きる力になると考えています。社会に生きる力というのは、社会科の目標にある「公民的資質」でもあります。それは子どもたちの学校生活全体のなかで育て積み重ねられていくのです。教育の中身を明らかにしたいといっても、学校教育活動を網羅的にみることはおそらく不可能でしょう。しかし、その根底には共通性、普遍性といえるものがあるのではないかと考えます。それで、学力と人とのかかわり方の基礎とは何かを、教育実践ノートから個別的な事例をあげて具体的に検討してみることにしました。また、現代社会でもたびたび課題として指摘される道徳教育といじめの問題を重視して、できるだけ多角的な考察を試みました。それらを通して、社会に生きる力、公民的資質の基礎とはどういうものか、多少なりとも浮かんでくるのではないかと思いました。

本書の主題は、初等公教育において、次世代社会を生き、次世代社会を形成していく子どもたちに引き継ぐべき教育の基礎とはどういうものか、ということです。これを具体的に示すため、本書の構成を次の四章としました。第一章で学校、家庭、地域社会という子どもたちの「学びの場」を概観します。第二、三章で学力を習得することと、人とのかかわり方について、それぞれ具体的な事例から詳細にみていきます。学力を「知識・技能の習得をする」こと、そして人とのかかわり方を「社会性を身につける」、ととらえております。知識・技能の習得のなかには、考え方や表現なども含まれますが、あえて焦点化して考えてみることにしました。また道徳や平和学習などは徳性や感性の薫陶がとくに重要なことはもちろんですが、その基礎となる知識・技能の習得がまず必要との見地からあわせて第二章でみていくことにしました。第四章は、それら知識・技能と社会性が統合され、コミュニケーション能力が次第に成熟していくプロセスが、小学校の子どもの学びの基礎といえるのではないかと提示しております。

それぞれの章では子どもの言葉によるエピソードを基に、子どもたちが学んでいく姿をとらえようとしました。また少しでも現場の先生方にヒントとなれば幸いとの思いで、指導方法もいくつか例示してみました。

本書が現場でご活躍の先生方に多少なりとも参考になれば、著者としてまことにうれしくありがたい限りです。

小学校の子ども
――学びの基礎をみつめて――

目次

小学校の子ども——学びの基礎をみつめて——

Ⅰ　学びの場

六歳になったら小学校へ――。あまりにも当たり前のことです。でもなぜ？　きまりだから？　小学校って、どういうところ？

公教育における初等教育機関としての小学校は、近代的教育組織が始動した明治以来、社会の変遷とともに大きく変化してきました。そこに求められる期待も内容も、また学校の状況も、学校をとりまく地域や家庭も様々に変化しています。そんななかで変わらず小学校に通う子どもたちがいます。その姿を通して「学びの場」を振り返ってみようと思います。

1　小学校で学ぶ

学校生活の始まり

入学の日。広い体育館で入学式を終え、トイレを済ませて一年生の教室に入る。何人かがほ～っと小さな溜め息をはいている。子どもたちみんなが席に着いたのを見渡して、先生はゆっくりと真ん中の教卓の所に立たれます。

――みなさん、入学おめでとうございます。

「ありがとうございます。」みんなはいっせいに返事をする。

――みなさんは今日から○○小学校の一年生です。私は、みなさんの先生です。名前は○○○○先生です。みなさんと一緒にお勉強をしたり、遊んだりします。

それから先生は、黒板に自分の名前を丁寧に書かれました。

――名前と顔を覚えてくださいね。「一年○組の○○先生」と、みんなで元気な声で言ってください。どうぞ。

「一年○組の○○先生。」

――ああよく言えましたね。もう一度言いましょう。

「一年○組の○○先生。」すると先生は片手を真っ直ぐ上げて、「ハイ！」と返事をなさいました。

――それでは今度は、○○先生がみなさんの名前をひとりずつ呼びます。お顔と名前をはっきりと覚えたいです。名前を呼ばれたら、大きな声で「ハイ」と返事をして手を上げてくださいね。

先生は、名簿を見ながらゆっくり丁寧に名前を呼んで、子どもの顔をきちんと見られます。

――ひとりひとりはっきりと返事ができました。りっぱでした。○○先生は、一年生のみなさんとお勉強するのでわくわくしてきました。みんなも一緒にがんばりましょうね。

先生はみんなの返事を待って、それから口調を変えて言われます。

――では今からお家の人に大切な話をしますから、みなさんはそのまま静かに待っていてくださいね。

そして話が終わりました。

――さあ、みなさん、静かによく我慢して待っていましたね。さすが一年生です。偉かったです。では今日はこれで終わりです。明日からはひとりで元気に学校にいらっしゃい。席を立ちましょう。さよならの挨拶をしましょう。

「さようなら。」

子どもたちはいっせいに、教室後ろの親の所へ走ります。いっぱい緊張して頑張っていた胸がすっとかるくなりました。

小学校に入学していちばん最初に学ぶことは、自分の名前です。名前を呼ばれたら返事をすること、そして机、椅子、ロッカーなどに自分の名前が書かれているのが分かることです。明日からは、トイレ、靴箱の使い方などを順に習い、次第に学校という大きな場の諸々を知り、そういう場所で自分が生活することを分かって馴染んでいくのです。

小学校教育の始まりは、自分が社会生活をするひとの一員であることを知ることからです。入学の日、名前を呼ばれて返事をする、ということは自分が学校という社会生活に入った第一歩の表明なのです。家庭や幼稚園保育園という親しい身内と違って、学校は、見知らぬ他者の社会です。誰も自分のことを知らない。だから「ハイ」と返事をして自分の存在を明らかにしなくてはいけないのです。そして、先生がしっかりと自分をみつめてくださった、その瞬間に、先生と自分とがまったくの他者ではなくなり意味のある他者、世間*のつながりになります。そして、次々に呼ばれるひとりひとりも、学級集団という世間に組み込まれていくのです。学級集団は担任の先生を中心とした親密な集団です。しかし、家族のような身内ではないし、それぞれ固有の家庭を背景とする子どもたちが集まっています。そういう学級集団という世間のなかで、親密性のある身内の感覚と他者としてのかかわりとが、ゆるやかに行ったり来たりしながら教育が行われていきます。各教科の学習を入り口として、知識や技能を習得し、社会性を身につけていきます。ものの見方や考え方、感じ方、人との接し方、価値観など諸々を習得し、修正し、反省したり自信をつけたりしながらの学びです。この学びは生涯にわたって続いていくものでもあります。子どもにとってかけがえのない「小学校」との出会いです。

一年生になるというのは、学校という制度のなかでの学びが始まることです。学びを可能にするには、教える・学ぶという関係をきちんと整えなくてはなりません。先生の指示を聞いて、子どもはその通りにする。その教える・学ぶという関係で授業が成り立ちます。そういう関係が築かれないと学級崩壊になりかねません。教える・学ぶは、馴れ合いでは不可能です。友だち感覚では学べません。厳しさが必要です。そして強制的、受け身を脱して、自立的にできるようになって、子どもの本当の学びとなります。学年や学期の始まりには、学習規律を再確認する。それは教師と子ども双方の学びの構えを整え直す、原点に返る大事な儀式です。時間を守る、嘘やごまかしをしない、と教える先生の姿を子どもたちは見ています。教える・学ぶは真剣勝負なのです。とはいえ生身の人間です。失敗しつつ反省しては子どもの前に立つ。そういう人間味豊かな先生を感じながら子どもたちも頑張ろうとしていくのです。

眼科医院の待合室でのこと。看護師さんから「○○さん」と名前が呼ばれて、一年生くらいの男児が「ハイ！」と手を上げて返事をして立ち上がり、赤ちゃんを抱いたお母さんと一緒に診察室に入っていきました。そして診察が終わって出てきた時、向き直って「ありがとうございました。」とおじぎをしたのです。学校で学んだとおりが身についているなあと微笑ましく眺めました。大人の患者は、名前を呼ばれても、むすっとしたままがほとんどです。「返事をすること」それは人と人とのかかわりをつなぐこと、ひいては社会生活の基本なのに、どこで剥がれていったのでしょう。

＊　阿部謹也『「世間」とは何か』講談社　現代新書　1995

保護者の手紙

一年生の保護者は学校に通う子どものあれこれが気にかかります。ましてや初めての一年生ならなおさらのことでしょう。「どんなことでもいいから、分からないことがあったら、走り書きでいいから、メモ用紙なり子どもの生活ノートなどで知らせてほしい」と入学式の日に伝えました。事務室への電話だと担任に伝わるのが遅くなってしまうのです。早速様々な手紙が届きました。

・この二月に広島に越して来たばかりです。子どもは一人っ子で、私も何も知らない母です。親子共々一年生です。よろしくお願いします。

・お世話になっております。昨日遊んでいる時、右足に大きな石が落ちて、今日は痛くて歩けません。病院へ行ってみます。

・図工のスモックは、幼稚園で使用していたものは人にあげて、持っていません。トレーナーみたいなものでもよろしいでしょうか。

・いつもお世話になっております。体操服がまだ届いておりません。子どもに用件が伝わるかどうか不安でしたので、一応お手紙は持たせたのですが「ぼく、自分で言ったよ」と手紙を持って帰りました。結構やるものだな！　とほめてあげました。

・家庭訪問ですが、四月二五日は仕事で都合がつきません。予備日にお願いします。

・家庭訪問、四時半くらいにしてください。プールから四時過ぎに帰宅しますので。

・職場に五月の勤務希望を出さないといけませんので、五月に保護者の参加する行事予定がありましたらお知らせください。

入学式の翌日から一カ月の間に届いた手紙やメモ類は三三通。そのほかにも、生活ノートへの記述、兄姉からの伝言、電話、ＦＡＸなどもあり、クラスのほとんど全員の保護者から、人によっては複数回、実に様々な声が届けられています。学校からの一方的な通知では、保護者に分かりにくい内容のものがあることにも気づかされます。それでも、五月半ばを過ぎると、手紙などは少なくなり、保護者も子どもの学校生活に馴染んできたことが伺えます。もっとも、それまでは、学校からのお知らせや配付物が多種多様にあるので、次々と対処せねばならず、焦りも生じたであろうと同情することしきりです。

子どもは小学校に入学して他者社会と出会っていきます。その戸惑いや不安をできるだけ小さくするために、まず、親と先生との信頼関係をつくることから始めるのです。親の安心感のための第一歩が対話をすること。「分からないことは、担任に直接尋ねたり相談したりしてほしい」とお願いをします。そして、担任は必ず返答をしなければなりません。「〇の件、◎さんがきちんと言ってきました。」「◎のプリントを連絡袋に入れておきます。確かめてください、よろしく。」などと子どもの生活ノートに走り書きする、あるいは放課後に電話をする、必ずその日のうちに保護者に返信するのが基本です。学校側（担任）のみの視点では、親から連絡があるのを当然視しがちで、慌ただしさのなかでつい返信を怠ってしまいます。応答があってこそ対話は成り立つものです。まず親と先生との信頼関係がつくられるから、子どもと先生との関係性が培われていくのです。一年生の子どもは、先生の言われる通りにしようとする段階にあります。そして先生に誉められ、励まされて、意欲をもって行動していくことができるようになるのです。親は子どものそういう姿を見て、安心し、先生に信頼を寄せることができます。ただ、先生への評価はプラスばかりでなく、兄姉などと比べて批判的であったりもします。そこでもうひとつ、親によくよくお願いしておきたいのは「子どもの前では決して担任の悪口は言わないでください」ということです。子どもは親の言葉に敏感に反応する。子どもからの信頼を損なってしまうと、担任は子どもの指導ができなくなってしまう。親から先生への不満、疑問、期待などは多々あるはず。だからこそ、直接伝えてほしい、言いにくければ管理職にと最初にお願いするのです。最初が肝心とはいうけれど、入学期を逃したらもうダメということではありません。「最初」は、何回もやってくるのです。学年の始まり、学期の始まりなど、リセットしてはやり直していくチャンスはきっとあり、信頼関係の結び直しも可能なのです。

他者社会で、信頼関係が結ばれる基本のひとつは対話です。「分からないままにしないで先生に聞きなさいよ」と子どもは親に言われ、先生に言われて、聞いて分かっていくことを身につけていきます。多様に交わされる対話によって、お互いのかかわりが深まり、コミュニケーションが密になっていくのです。それは生涯にわたって続く社会人としての信頼関係の基礎になっているのだと思います。

間もなく学年が終了する三月の朝、一年生の子がうれしそうな顔で言いました。

「ぼく、今日誕生日なんだよ。」――それはおめでとう！

「夕方六時三〇分に生まれたの。」――そう、何歳になったの？

「七歳！　お母さんに、長い間ありがとうと言ったんだよ。」

　今朝お母さんと交わした言葉のことを話したくてたまらなかったのでしょうね。「長い間ありがとう」の感謝の言葉には、お母さんとの新たな人間関係が結ばれているのが感じられます。子どもは親の管理の届きにくい学校という他者社会のなかで、多様な学習をし、先生や友だちとの人間関係をつくりながら逞しく育っていくのです。

N君の満足感

　一年生の二学期のこと。ひとりの子が、お金がなくなったと言ってきました。学校の帰りに文具屋さんで鉛筆と消しゴムを買うお金を筆箱に入れていたと言うのです。どこかに落ちているのではないかと、みんなで教室や廊下を探すが見つかりません。しばらくすると、N君がお金を見つけたと持ってきました。靴箱の所にあったと言う。よく見つけてくれたね、と誉めました。みんなには、これからはお金をちゃんと財布に入れるように注意しました。

　それから数日後、またお金がないと別の子が言う。絵の具を買うために財布に入れてきたのに、中のお金だけがなくなっていると言うのです。またみんなで探しました。今度は靴箱も念入りに。するとと再びN君が見つけてくれました。ほかの学年の靴箱に入っていたと。みんなにさよならをして、彼を残して尋ねます。はたして彼が二度とも隠していたのでした。

一緒に家に帰り、母親に顛末を説明。そのうえで、叱るのではなく、人の物を勝手に触ってはいけないことを言い聞かせてほしいと話しました。してはいけないこと、すべきことの判断ができ、自己を制御して、自律的に活動していく。そういう方向への、N君の第一歩なのです。

三、四年生のような体格のいい、しっかりした感じの子。習い事がなんとたくさん。算数、国語、英語にスイミング、そしてエレクトーン。母親は、この子は何でも言うことをよく聞く、一年生になりずいぶんしっかりしてきたので、安心してパートの仕事に出るようになったとのこと。母親が仕事で自分から離れていったような寂しさを感じたかもしれないけれど、家では概して心身ともに安定して育っているようでした。しかし何か満たされないでいる。お金が欲しかったのではない。盗みを働いたのではない。ただ隠した、そして手品のように見つけ出したのです。

こうした行動の原因の一つに、自分への肯定感情がうまく育っていないということがあります。満足感をもち、自分を誇ることができるのは、自分がしたことを誉められ、感謝されるなどによって培われます。N君の場合、もしかしたら、たくさんの習い事は、自分がやりたいかどうか判断できないままに、言われるままにやってきたのではないだろうか。そして、やればそこそこなんでもできた。でもそこには自分のやりたいことをしているという満足感はなかったのかもしれません。ちゃんとできる、だけでなく「すご〜い！」と誉められたり、家族のみんなに喜ばれたりしないと、自分はこれでいいのだという自己肯定感情が育たないのではないか。

友だちのお金を隠しそれを見つけ出すという「演出」をいかにして思いついたのか、それは分からないけれど、結果はうまくいって「ありがとう」と喜ばれ、誉められて大きな満足感を味わった。しかも友だちみんなの前での賞賛という、優越感、心地よさ。だから、二度目に及んでしまったのかもしれません。

自己肯定感情は、特別な「演出」でなく、他者とのふつうのやりとりのなかで育まれるものです。「ありがとう」の言葉も、自己と他者との間に何かが行き交って発せられ、心地よい美しい言葉となります。だから、自分のなかに、相手に対する「ありがとう」の感情が理解できて、純真に受け取ることができるのでしょう。

低学年の時には、特別なことをした時誉めるのではなく、なんでもないことでも誉めるようにします。また、人に何かをしてもらった時「ありがとう」を言います。例えば、プリントを配る時「どうぞ」「ありがとう」と交わす。その言葉で双方に感情が通い合います。誉められて自己を肯定し、叱られて修正する。その繰り返しを経て、子どもは自信をもって他者社会にかかわっていけるようになります。誉められたいから、感謝されたいから、何かをするのではなく、誰からも誉められなくても、自分自身の気が済まないからそのようにする。そういうことは、やがて高学年になると可能になってくるのです。

目標

学校には教育目標があります。社会から要請された公教育の目的に沿って、本校はこういう子どもの教育を目指す、というものです。それを受けて、各学年、クラスの目標が検討され、子どもにも自覚的に努力するように目標をもたせます。教室に掲げられている目標を眺めると、クラスの雰囲気や子どもたちの顔が浮かんでくるようです。学期毎や一年間通しのクラスもあります。

一年―ひとりひとり　みんなたいよう　なかよく　たのしく　がんばります
二年―楽しいクラス　やさしいクラス　かがやくクラス
三年―やさしさと自分の思いが言えるクラス
四年―正しいことははっきりいう勇気をもとう
五年―何事も自分で見つけよう
六年―みんな仲よくしよう　話し合おう　他人の事を考えて行動しよう
特別支援学級―えがおいっぱい　やるきいっぱい　げんきいっぱい

目標は、新しい学年や学期の始まり、あるいは行事に際してなど様々にあります。例示した学級目標はやや抽象的、理念的な感じもしますが、個々の子どもの目標は「予習、復習をする」「規則正しい生活をする」など具体的で行動化しやすいものが多くあります。

目標をもつと、目指して進む方向が定まります。目標を確認しては、自分で自分を叱咤激励もします。そして、結果について、自己評価をして課題事項を客観的に見つけることができます。

何ができたか、できなかったのか、どのように頑張ったのかなどいろいろ振り返り、次の新たな目標を立てて頑張ろうとします。そうやって自立していくように育てます。

生活科の目標は「基本的生活習慣を身につけて自立への基礎を養う」とあります。成長するにしたがって生活習慣の内容は広く、質的にも深くなってきます。何をどのように行動すればよいかを、自己判断していきます。自己判断は、自分にとってどうするのが心地よいか、何を善とするかなど価値観が働きます。外面的な行動に表れる自立と、その根拠となる自分の考えの自律とが相乗的に作用しながらよりよい自分を目指して生きていくことにつながります。自立を支える、自分の考えの根拠となるものを、道徳科を通して様々に学んでいきます。

自立について、もうひとつ大事なことは、集団とのかかわりです。例えば、障害のある人が困った時に周りの人に助けてくださいと言うこと、いじめにあって苦しい時、誰かに相談すること、そういうのも重要な自立です。だから、誰かが助けを求めたら、周りの者が応じる、そういう集団や社会でなくてはなりません。個と集団とはともに豊かな自立を営んでいくのだと思います。

新年になって、清々しい顔で登校してきた子どもたちに「今年の目標は？」と問いかけてみました。

二年生「人に会ったら誰でも挨拶」「ボク、サッカーがんばる」「物を大切にする」「まだ分からない」、四年生「一度言われたことを根気強くやりとげる」「勉強を分からん、分からんと言う前に自分で考える」「五〇メートル走、八秒以下で走るために練習する。毎日走るスポーツをする」「お母さんの手伝いをできるだけする」「ないしょ」、五年生「何事もおそれず挑戦」「人にやさしくする」、六年生「う〜ん、まだ」――家でもそれぞれに話し合ったことでしょう。教室では、目標を発表し合い、掲示してもらったりして、やり通す意欲を確かなものにするでしょう。それぞれの子が、友だちと互いに切磋琢磨しながらよりよい自分を目指して、この一年を伸びていこうとしているのです。

チャイムのあとで・1

教師になった時、子どもたちを教え育てていくのだと意欲に燃えていたものです。校長先生の語られる、学校教育目標や子ども像なども理念として感動しました。ただ教育の具体については、先輩同僚の先生方と交わす、教室でどう指導するかといった話の方が実感でき、また自分にとって切実なことでもありました。その頃は、公民とか社会人などという言葉にはなんとなく拒否感をもっていました。そういう時代の雰囲気もあったのです。個を社会に埋没させてはいけない。集団や組織は全体主義に通じる前時代の誤りとして排されていたのです。子どもはひとりひとりが大事にされなくてはいけない。かけがえのない個性を豊かに発揮できるようにするのが教育。集団ではない、個人が大事なのだと強く意識していたのです。

その後、経験を重ねて自分の誤解と偏見に気づきます。社会学者などが「公教育は社会人を育成することである」といわれる言葉に、全くその通りだとすっきりと受けとめることができるようになりました。改訂が重ねられてきた学習指導要領でも、「社会に生きる力」の基礎となる知徳体の育成がいわれ、納得することしきりです。それは、個か集団かではないのです。まさに個が自立していかなければ集団は成り立たない。逆からみても、集団が育たなければ個も光ることはできない。そういう当たり前のことが、自らの言葉で言えるようになって、「公教育は社会人を育てること」ということの重みに気づかされました。

2　先生と出会う

エンチョーセンセイ

入学間もない頃の一年生が、校長先生を「エンチョーセンセイ」と呼ぶ。そういう子は何人もいるのです。周りの子もことさら違和感をもたず、平気な顔をしています。やがて一学期もだいぶ過ぎた頃に、ひょいと「エンチョーセンセイ。」と呼びかける子がいると、ほかの子が「コーチョーセンセイだよ。」と指摘するようになります。そして二学期になると、もう誰もエンチョーセンセイとは言わなくなってきます。すっかり一年生が板について、身のこなしも確かになり言葉遣いも明瞭になって、どの子も成長しているのが分かります。

小学校に入っても「エンチョーセンセイ」と呼ぶ子は、入学したことを分かっていないのではないのです。ちゃんと分かっている。子どもたちにとっては、今まで属していた組織のなかの最年長者、エライ人、それが園長先生でした。そう理解できているからこそ、自然に口から出てくる呼びかけだったのです。そういう子は、園長先生と密なかかわりがあったのかもしれません。入学当初はまだ校長先生という新語に馴染みがなかっただけです。上の学年になっても、担任の先生になにげなく「おかあさん。」と呼びかけて慌てる顔の子がいます。先生に親近感をもち、教室で寛いで勉強しているからでしょう。

子どもたちは自分の担任の先生のことをどのように見ているのでしょうか。子どもたちが好きな先生像は、自分自身の経験や調査などからみても、以前からあまり変わらないようです。低学年の子どもが好きなのは「やさしい、楽しい、遊んでくれる」先生。中学年は「明るい、活発、えこひいきしない」先生。高学年では「明るい、よくないことはよくないと注意する、勉強を分かりやすく教えてくれる、自分のことを認めてくれる」先生です。

どんな先生か、ということは子どもたちにとって関心の強いものです。教師にとってもいい先生と思われたい気持ちは強くあります。しかし、そのために子どもにおもねったり、強く叱らないで優しく接するなどと迎合する姿勢は、子どもに見抜かれて、軽蔑されてしまいます。子どもの目はすべて見通してしまうものなのです。

教えられた通りにできないのは、子どもが未熟だからでもあります。未熟なままにそれぞれの受けとめ方で分かろうとしています。たとえ教え方がうまくなくても一所懸命に教える、そういう先生の熱意が子どもに伝わります。ただし、子どものことを見ないで熱意の押しつけだけになってしまうと、子どもにしんどい思いをさせることになります。子どものなかには、適当な距離で見守ってくれる先生が心地よい子もいるのです。

子どもとともにあれこれ考え悩み難儀しつつやっていく、その過程のなかで大事なことが様々に練られていくのでしょう。教師もまた未完成な存在です。結局未完成な教師が未完成な子どもに教えているから、ともに学び合い育ち合っていけるのだろうと思います。

先生たち

子どもたちは毎日教室で担任の先生をみつめて勉強しています。その心のなかではいろいろなことが渦巻いているようです。保護者も担任の先生への思いは様々にあるものです。

【五年生担任、男性、教師経験八年】

女子三人の話。先生は何か変態みたい。水泳の着替えをしていたら、廊下に立って見ていた。トイレ掃除の時「ちゃんとやっとるか」と、たったそれだけのために、女子トイレのなかにまで入ってこなくったってていいのに。席替えの時、女子どうしにさせてと言ったら、「学校だからそういうのはダメ。」と言った。何でも話し合って決めようと言ってたのに——今こうして話したことは、先生には言わないでください。

【三年生担任、男性、教師経験二年】

先生は、私が手を上げてもあててくれない。がんばって手を上げても、「今は手を上げる時じゃない。」と叱られた。遠足の写真の申し込みがあった。先生がいっぱい撮ってたもの。私は三枚だけ。友だちはもっとたくさんあった。学級通信に私のが載っていない、とお母さんが怒ってた。常連で載ってる人もいるのに、ひいきとかあるのかと言ってた。

【五年生担任、女性、教師経験一〇年】

五年生の非常階段の踊り場にアメの包み紙が落ちていた。子どもたちに聞いてみると、もうずっと前から、クラスの半数以上がアメを持ってきて食べているという。「だって、先生は、全然怒らないんだもん。宿題もほとんどないしね。」

【二年生担任、女性、教師経験二〇年】

授業中、男子五、六名が立ち歩き、友だちと喋る、トイレに何度も行くなどクラスが落ち着かない。「先生はいっつも怒ってばっかり、うるさい。」「漢字練習帳、せっかくやってきたのに、全部直された。丁寧に書きなさいとか。間違いとか。宿題なんかもうやらん。」

【一年生担任、男性、教師経験六年】

初めての一年生担任。クラスの保護者代表さんから電話が入った。「保護者の不満の声がある。先生は子どもたちへの学習指導や躾など対応が細やかでないなどと、いろいろ出ている。先生には先生のお考えがあるとなだめたのですが。直接担任の先生に言った方がいいでしょうか。」

――それぞれの担任と話してみた。

・え〜、そんなことを言ってるんですか。前の学校でも高学年ばかり担任してきて、子どもたちとも、ツーカーでやってきたのに。女子は苦手です。

・私はえこひいきなどしたことはないです。学級通信も、どの子も載せるようにしている。でも日記や学習ノートを出さない子もいるのです。

・子どもは学校生活を楽しく過ごすことが基本的に大事なことだと考えています。楽しいという感情があって、学習にも驚きや集中などが生まれるものだと思います。
・子どもには学力をきちんとつけてやらなくてはいけない。だから、漢字のミスなど低学年のうちに指摘して正しく習得させることが大事です。怠けている子にも、それなりに頑張るようにと励ましているつもりです。ほとんどの子はちゃんとやっています。
・初めての一年生はかわいくてしかたないです。よく言うことも聞いてくれます。高学年になると勉強が厳しくなる。せめて一年生のうちはのびのびと過ごさせてやりたいです。

先生は誰もみな、子どもをかわいいと思い、自分の信念をもって子どもの教育をしています。そして、クラスのほとんどの子たちはさして問題なく、和気あいあいとクラスに溶け込んで生活しているのです。

子どもも保護者にしても、担任の先生に不平や不満を直接には言いません。それは、先生には教師としての権威があるからです。教えられる方からすれば、個人の好き嫌いや気分などのいかんを問わず、先生には従うものという、観念的なものがあるのです。それがあるから子どもに教えることができます。教育という場だからこその暗黙の了解です。ただし、先生を尊敬し信頼しているから従うということではないのです。ここにズレが生じます。

先生と子どもとは気持ちが通い合う共有世界があって、教育が成り立ちます。先のエピソードでは、先生と子どもとの間にコミュニケーションがうまく通っていないようです。子どもは、自分の先生のことを好きだと思っています。だから先生も同じように自分のことを好きだと思っていてくれる、と信じています。それで頑張ろうとするのです。それなのに先生の一方的な押しつけや無視にあうと、どうしてよいか分からなくなります。先生は本気で自分のことを考えてくれていないと感じると不信感をもってしまいます。また、親が子どもに先生の悪口を言うことは、子どもと先生の共有世界を破ることになります。モンスターペアレントといわれる人も、うちの子をきちんと見てほしいという願いからです。共有世界は不断のコミュニケーションによってつくられ、お互いの信頼関係も深まっていくものです。それが壊れてしまうと教育は成り立たなくなってしまうのです。

子どもは先生との関係のなかで様々なコミュニケーションを学びます。人に対してどのように接するのか、感情をコントロールし、人や場をわきまえた言動をするなどを、発達段階に応じて徐々に習得していきます。それはコミュニケーションがうまくできて信頼関係が築けたという経験だけでなく、他者と通じ合えない葛藤や不信感を経験し克服することによって、より深くもなります。さらにそれは、子ども時代に習得して完成することではなく、大人になっても未完成のままに、反省を繰り返しながら自己を形成をしていくものだと思います。

教え子が小学校教師になりました。初任の学校での五年生の担任は苦悩の一年間だったようです。殊に女子の反発が強く、近寄るとすっと体をそらす。女子どうしで先生を無視しようと話し合っていたという。幸い保護者は先生を助けていこうという姿勢でたびたび学級懇談会がもたれました。しんどさは学級経営だけでなく、校務のことも重なりました。若いうちに経験をと、英語教育、ＩＣ教育、運動会などの責任を任されたこともありました。ようやく初年度を乗り切り、次年度は二年生の担任となりました。今ではうってかわっていきいきと学級経営をしています。誠実実直な言動、長身、ハンサム。どこから見てもすてきな先生です。女の子たちは密かに憧れていただろうなあ。もっと先生といろいろ話がしたかっただろうなあ。初任先生の苦い一年は、教師にとっても子どもにとっても貴重な経験として、人生の肥しとなっていくことでしょう。

共感する

ウィーン日本人学校一年生のAちゃんが、真剣な表情で言ってきました。

「先生、ぼく、昨日分かったんです。ウィーンと日本は電話の線がつながっているんです。はっきり分かりました。」

——まあ、どうして分かったの？

「きのう東京のおばあちゃんと電話で話したんです。その時波の音が聞こえたのです。」

——波の音が聞こえたの？

「はい。ザァーッ、ザァーッ、って小さく聞こえていました。」

――すごいねえ！

「だからね、電話の線が、海の底を通ってつながっているって、はっきり分かりました。」

得心した顔でそう言うと、彼は外に遊びに行きました。その時の真剣な表情と、「はっきり分かりました」の強い言葉にいたく感動したのでした。

Aちゃんの納得の背景には家の人の対応もあったでしょう。彼はお祖母ちゃんの電話の後で、お母さんに波の話をしたに違いないのです。お母さんに同感してもらって、電話の向こうからかすかに聞こえてきた波の音が確信的なものになりました。だから学校に来るなり、自信をもって報告したのです。お母さんの対応の温かさ、素晴らしさを思います。

電話線が、海の底を通ってウィーンと日本とをしっかりとつないでくれている、ということの心髄はどの子も共有しています。一年生の子どもたちに、ウィーンと日本とどちらが好きかと尋ねると、ウィーンの良さをたくさん挙げつつも、やっぱり日本が大好きと答えます。遠く離れた地にあって、日本の事はいつも心のなかにある。それは派遣教師にとっても同じなのです。

子どもを理解するために、子どもに共感することの大事さがいわれます。子どもに寄り添って、子どもと同じ目線で、などと。それらが、子どもを理解するための手段として、マニュアル的な方法が示されたりもします。しかし共感は、知識や技法などで表現するのではなく、自然に湧き出て響き合うというものでしょう。子ども対教師という関係でありながら、そういうことにかかわりなく、お互いが響き合うという状況が生じることです。それは丁度、音叉が共振するようなものだと思います。子どもが発した振動数が、教師のもっている音叉の振動数と一致して、共振が起こるのです。子どもと教師とが共振し合う、共感し合って、両者の間にしみじみとしたものが通い合っていくのでしょう。ただ、子どもに共感することは純粋に感動に浸ってしまうなど、無自覚、無作為の自分が表出してしまうことでもありますが。

子どもに共感することは重要なことですが、常に同じ周波数に共感すること、とは限らないのです。Aちゃんが話した時、別の周波数、科学や工学的な知識でもって返していたらどうだったでしょうか。「それはね、波の音ではなく……」と教える。もしかしたら、それがきっかけとなって彼は将来、科学・工学への思考に目覚めていったかもしれません。ただし、ここで大事なことは、教える教師自身が電話線にかかわる科学・工学の知識をもっている必要があります。そうであって、彼を目覚めさせるという共振が生じるでしょう。もちろん、その時点ではなく、ずっと大きくなってから、あの時の先生の言葉が基になって物理学に進んだ――などはよく聞く話です。いずれにしても、教師自身の内に備えがなくては決して子どもと共振することはできないと思います。生半可な知識でもって、せっかくの子どもの感動をうち消すことになっては罪深いことです。

ある子には情緒的に共振し、ある子には科学的に対応する。そういうふうにできることは理想です。子どもひとりひとりとそれぞれに響いて受けとめることのできる多種多様な音叉をもっていたら、どんなにいいだろうと思います。子どもは先生の共感を糧として、それぞれが固有の方向に、個性的に伸びていけるに違いない。しかし、それはひとりの教師としては限界があります。

だから子どもたちには、より多くの先生と出会って、それぞれの先生と様々に共振し合って、育っていってほしいと切に思うのです。

三〇年ぶりに東京で会ったAちゃんは、ドラムを叩いているとのことでした。あの頃のままの柔らかい笑顔でふっくりとした体格。ファンタスティックな彼の一面が、ミュージシャンとしての底にあるのかもしれないなと思ってみました。

つながる

担任は、自分と子どもたちとはつながっている、と思っています。しかし、一方的にそう思っているだけなのかもしれません。

一年生最後の参観日は道徳。子どもたちは家の人たちに見てもらうのだと、はりきっていました。導入の小鳥の歌も動作しながら楽しさいっぱいに、好調な出だしでした。

「今日のお話は、小鳥のヤマガラさんとミソサザイさんが出てきます。」と小鳥の面を見せました。すると「サザエサン、サザエサン。」という声が上がり、続いて「お魚くわえたドラネコがあ～。」と二、三人歌いだしました。教室中にゲラゲラと笑い声。後ろに立っている大勢のお母さん方も笑っています。

「おやおや、これはサザエサンではなくて、ミソサザイさんですよ。」「ハイ、テレビのチャンネル切り替えて！　ピッ！」と指で制して、物語を続けます。子どもたちに小鳥の面をつけて役割演技もさせます。ミソサザイさんの役の時に、アハハと笑う子もいましたがもう歌い出すことはありません。しかし、教室内の雰囲気はなんとなく浮わついていて、役割演技のセリフの内容も深まらないまま、締まりのない授業で終わってしまいました。それでも後の懇談会では、四月以来子どもが成長したのを感じたという内容で、救われる思いがしたのですが、とても満足できるものではありませんでした。

参観日というハレの日、非日常の雰囲気に子どもたちはのみこまれてしまいがちです。授業に集中できなかったのも無理はないのです。しかし、非日常は担任にとっても同じだったはず。担任としてはどうであったのか。子どもたちが学習規律を身につけて、自分の考えを発表するなどの成長した姿を保護者に見てほしいと思っていたのは間違いありません。でも、本当のところはそうではなかったのではないだろうか。子どもたちを掌握し、各場面で子どもを上手に活動させて、メリハリをもって授業を展開する――そういう自分の力量を自慢したかったのではないか。だから子どもたちは、いつもとは違う先生の様子に、不安定な気持ちになって反応していたのではないだろうか。そう思い至りました。

教師と子どもとがつながっていないと、授業はうまくいかないし、子どもも育ちません。それはごく当たり前のこと。だから、参観日の失敗は、担任と子どもとがつながっていなかった、ということにほかならないのです。

担任として、子どもとつながったなあと思えるのは、どんな場合でしょう。いちいち指示をしなくても行動できるようになる、宿題や作品などの提出物をほぼ全員提出する、授業中の発言が活発になる。その他、冗談が通じる、子どもがよく話しかけてくる、などそれぞれの教師によってつながりの実感は様々でしょう。いずれにしても担任として指導しやすくなる。それは、とりもなおさず子どもたちが担任の言動を理解して応えてくれるようになるからです。そういう時に、つながったなあと感じるのだと思います。

では、子どもの立場からみた場合はどうでしょうか。子どもは「先生が好き」ということがつながりの始めでしょう。「自分が頑張ったことを認めてくれる、えこひいきしない、明るい、気分や感情で怒らない」、その他いろいろなことで先生を好きだと思えて、厳しく言われても頑張ろうとするだろうし、誉めてもらうとさらに向上心を燃やすでしょう。こうして先生とのつながりも強くなっていくのです。

つながり方は、言葉で、一緒に行動する、感情や心でなどいろいろあります。ただし、それらは個別ではなく、絡み合って作用します。「よくやったね」の誉め言葉も、感情の無い言い方では伝わりません。物を渡す行為にも、どういう物を、いつ渡すか、どの様な言葉を添えてなど相手のことを思いやる様々な事柄が込められています。つながる根底には、気持ちが通い合うということが必要なのでしょう。

人は個々バラバラに孤立しては生きられない。人と人とは、言葉を交わし、許容し合って、いろいろなことがあって、気持ちが通い合い、お互いの関係のつながりができていき、深められもするでしょう。ただ、お互いの距離が近くなり過ぎると摩擦も生じます。上手に距離をはかることも必要になってきます。社会生活をするうえでの人間関係のつながりについて、子どもは担任の先生との関係から学んでいくことは多々あるのです。

三月末、転勤が決まり教室を片づけている夕方、五年生の子どもが三人やってきました。ふたりは担任した子でもう一人は隣の組の子でした。組が違っていた子はちょっと遠慮がちに敬語で話します。「六年生でまた受けもってもらえたらいいなあと思ってたのに。」「卒業式の時は来てくださいね。」などと言いながら、ゴミ袋をダストボックスに運ぶなど手伝ってくれました。子どもたちはこれからも、いろいろな先生とつながりながら、人間関係を豊かなものにしていくことでしょう。

チャイムのあとで・2

一年生の宿題に「教科書を読んでくる」というのを出した時、後日ひとりの保護者から報告がありました。「子どもが、教科書を開いて目を剥いていたので、何してるの？　と問うと、先生が教科書とにらめっこしてきなさいって、と答えました。それは読むことだ、といくら言っても聞かなかったんですよ。」一年生の子どもに分かりやすく、という配慮は教師のひとりよがりでしかなかったのです。

そういうことを思い出して、遊んでいた二年生の子どもたちに尋ねてみました。

――勉強の時に、時計とにらめっこしましょうというのはどういうこと？

「時計を見ながらしなさいということ。」「時間をよく見てねと。」

――じゃあ、一年生に言っても分かる？

「そりゃ、分からんよ。」

――二年生だったら？

「分かるよお〜。」「でも、分からん人もいるんじゃない？」

二年生ともなると、自分自身だけでなく、友だちのこともみえるようになってくるものです。

3　学校とその周辺

保護者を学習に引き込む

六年生の国語で、俳句や短歌に親しもうという学習をしました。それで、母の日に寄せてお母さんに手紙をプレゼントして、そのことを俳句や短歌に詠みました。

「母の日にいつもの顔とちがう顔」
「いつまでも長生きをしてほしいよと花をささげてきげんを見てる」
「母の日にピアスを買ってあげましたもっとでかいのあげるんだった」
「母の日にすてきな言葉わたしたら字がきたないとおこられました」
「母の日にカーネーションをあげたならあんただけよとうれしい言葉」

子どもたちの詠んだものを学級通信に掲載して、家の人に読んでもらい、感想を聞いてくるのを宿題としました。

学校から保護者に、「何かあったら、何でも言ってください」と言っています。しかし、なかなか言えるものではないようです。一、二年生の頃は、明日の学習の準備、宿題、持っていく物など何かにつけて保護者の手助けが必要でした。殊に一年生にとっては初めて手にする学習道具類の数々で、どうしてもひとりではできません。それが、学年が上がるにつれて本人任せになってきます。自力でできるようになってくるし、子どもは親に見られたくない事情もあるのです。親に作文やノートなどを見せると、「もうちょっと丁寧な字で書きなさい。」「宿題はちゃんと出しているの？」などと小言がくることもあります。五、六年生になると、日記には親に知られたくない内容が書かれるようにもなります。だから「先生から言われた」という宿題は、親が堂々と子どもの日記やノートを手にすることができる数少ないチャンスなのです。懇談会などで、生活ノートの日記を勝手に読まない、文字などの小言は絶対に禁句、とお願いをしているのですから。

保護者からは様々な感想が寄せられました。

・普段の子供達からは、想像もつかないような、お母さんに対する気持ちが、短歌や俳句のような短い文で、上手に表現できているので驚きました。

・今日だけは誤字も脱字も気にならずうれしく読んでる母の日の手紙。みんないい母の日をプレゼントしてあげたんですね。ちょっぴりテレくさくて、うれしい日でした。

・お父さんに見てもらったら、T君のがおもしろいと言いました。お父さんの言葉「読みました。つい笑ってしまう句もあり、表現の豊かさに驚きました。」

・母の日はみんなやさしい顔に戻ったようですね。私も同じですが、この日だけでなく、いつも、にこにこやさしい気持ちで、子供に接しようと反省しました。

保護者にとって、だんだんと手が離れて自立していく子どもは成長の喜びです。それと同時に、子どもが今どんな学習をしているのか、どんなことを考えているのかなどを、関心をもって見てほしいと思います。子どもは学習を積み重ねながら、それぞれの学年での他者社会と出会い、学んでいるのです。参観日に仕事の都合がつかない場合もあります。宿題を通して、保護者を学習に引き込む手だての一例をあげてみました。

クラスのみんなの言葉を読んで、我が子も客観視でき、様々に親としての子ども社会との出会いが生まれていたようです。

うちの子を叱らないでください

転校してきた四年生の○子の母親が校長室に来られました。

「うちでは子どもを叱って育てておりません。学校でも、うちの子を叱らないでください。」穏やかな笑みに言葉を包んで、毅然とした態度です。

「わかりました。担任にもよく話します。何か気になることがあったら、いつでも言ってください。」と応えました。

話を聞いた担任は戸惑い、自分にはできないと言いました。そういう育て方だと、人間関係が結べなくなってしまうとも。「しかし、将来どうなるかは分からない。おそらく壁にぶち当たるでしょう。その時に本人が気づき、修正するしかないでしょう。担任としては、子どもに普通に接する。あなたがクラス全体の子どもと接しているように、当たり前に、温かく、特別扱いせず、意識せず——だね。」「意識しないわけにはいきません。」

○子を見守りつつ、クラス全体の指導は、教師の信念に基づいてやればよい。またそうでなければならないと思います。N先生であったからこそでしょう、さして問題は生じず、翌春になって○子は、私学に空きができたのでと転校していきました。

親にとっては直視できない子どもの学校生活です。ましてや我が子が叱られるのは耐えられない、何とか守ってやらねばの思い。それは反面、我が子は学校でちゃんとやっていける子だという確信が自分にもてないともいえるでしょう。

○子は親の言うことをよく聞く素直なよい子なのでしょう。しかしこのままでは、自分でものごとを考えたり、決定したりせず、すべて親が決めてくれるので、たとえ失敗してもそれは自分のせいではないことになります。それでは自己肯定感のもてない状況に陥ってしまいかねない。何とか担任は、親とのコミュニケーションが交わされるように図っていかねばなりません。

親との信頼関係を築くためには、まず、○子のよい所を見つけてたくさん誉めるようにする。「丁寧に書いた字だね」「話す人の方を見て、聞く態度がいいよ」など、小さな事柄がいろいろあるものです。連絡帳にも記述する。「こんなことがよかったです」「こんなふうに頑張っていました」と。あるいは電話で話す。おだてるのではない、心底、いいなあと思って伝える。それによって、○子は、先生に認めてもらっているという安心感をもつでしょう。その子どもの様子を見て親も安堵できる。もちろん、よい所をしっかり誉めるというのは子ども全員に、はいうまでもないことですが。

友だちの長所を見つけ合うと、このクラスはいい人が多いなあと肯定的にみる雰囲気が漂います。たくさん誉められるから自分に自信をもつことができるし、先生や友だちの注意の言葉も受けとめることができます。そういうなかでクラス全体にメリハリのある温かみが育まれていきます。そこからが担任と家庭との連携の始まりです。

最後にもう一つ大事なことは、担任自身が自分に対して肯定感をもっていることです。確固たる、というのではなく、自分は自分でやっていけばいいのだ、と自分を信じるのです。いずれにしても完璧な教師ではなく、保護者に共感しともに悩みながら、子どもをみていく姿勢です。そんなありのままから、お互いの信頼関係が育まれていくのだと思います。子どもの教育を巡る多様な連携のあり方についての試行錯誤はまだまだ続きます。

小学校の運動会の後で、ＰＴＡ会長のＨさんが言われました。「おやじの会を立ち上げました。最近はいろいろお父さんが学校に来られるようになった。しかし、学校にどうかかわっていいのか分からないという人も多くいる。せっかくだから、横のつながりをもっていきたい。一緒にワイワイやりませんか、というところからです。」

子どもは、小学校生活の間に様々なことを経験して成長していきます。親も子どもと一緒に、小学生の親としてさらに育っていくのでしょう。そうやって生涯にわたって成長していくのが人間です。子どもだけが成長発達する存在ではなく、子も親もそして先生も、お互い未成熟なものどうしがかかわり合っていくのが教育なのでしょうね。

参観日

一年生の一月の参観日の感想です。

・わたしはさんかん日がたのしいよ。だってね、さんかん日がおわったらかならずほめてくれるもん。でもひとつだめなことがあったよ。それは、はっぴょうをするときもうすこし大きいこえをだしてごらんって、お母さんがいったからだよ。
・わたしはさんかん日でお母さんがこないからいやだったけど、お母さんにはずかしがってたところをみられなくてよかったな。
・さんかん日がおわっていえにかえって、お母さんが「もうちょっとがんばりなさい、べんきょうもちゃんとやってないんじゃない。」って。いえでもちゃんとべんきょうしているのといっても、もう二年生になるとどんなになるのかね、といったよ。
・いえにかえってお母さんはなんにもいってない。あまり手を上げなかったからなのかな。こないだなんてお父さんがきて、あんまりはっぴょうできなかったから、お父さんに、なんであんまりはっぴょうできなかったのってきかれました。

子どもたちは、一学期の参観日は家の人に見てもらうのがうれしくてたまらなかったのです。それが、次第に、うれしさに恥ずかしさが混じってきます。「ほかのおばちゃんたちがみているんだもん」と、周りの状況が見えるようになるからです。お母さん方も、入学間もない頃は、多少の失敗は笑っていられるが、だんだんと学力向上へと期待が増してくると、注意の言葉が多くなってきます。学年が上がるにつれて視線は厳しくなり、子どもたちにとっては、うっとうしい参観日となってしまうのです。

子どもは誉められ、叱られて育っていきます。でも子どもは叱られるより誉められたいと強く思っているのです。参観日は、学校での自分のことを家の人に見てもらえるチャンスです。子どもながら、緊張して、恥ずかしい気持ちと闘ってもいます。たとえ発表しなくても、先生の言葉を一所懸命に聞いて、分かろうとし、授業に参加しているのです。だから、一時間、自分なりに精いっぱい頑張ったと自負しています。当然誉めてもらえるはずなのに、反対に叱られてしまうと、戸惑い、がっかりしてしまいます。

それは、低学年に限らず、中学年、高学年になっても同様です。子どもは、自分なりに頑張ったことを認めてほしいと思っています。最も誉めてほしい、認めてほしいのは、身近な親からです。自分のことを認めてもらえる、丸ごと受けとめてもらっている、そういう安心感のなかで、自尊感情を育むことができるのです。これでいいのだ、と自信をもち、自分を肯定し、次も頑張ろうと意欲的になれる。自分を受けとめてもらっているという実感があるから、親の言葉に信頼感をもち、注意やアドバイスも聞き入れることができるのでしょう。

参観日は、学校生活のほんの一コマの時間でしかありません。それでも、子どもの性格や癖、長所短所などが見えるものでもあります。親は子どものそういう面をよく知っているから、短所を厳しく注意して、励ましたくもなるのですね。

子どもに自信をもたせるための参観日です。担任は、挙手をしなくてもいい授業の工夫も必要でしょう。動作化をしたり、順番に発表する、小グループでの発表など多様な学習活動でどの子も活躍できるようにしてやりたいです。また、もうひとつ重要なのは、担任の子どもへの誉め言葉、評価の言葉です。子どものよい所をしっかり言う。そういう担任の言動を、保護者も無意識に学んでいくのです。また、学習の姿だけでなく、友だちのよい所などを家でも話題にしてほしいと思います。悪口ではなく、ここをこう直すとよくなるだろうねなど。家庭での教育環境が土台となって、子どもの学校生活が展開されていくのです。


子どもがお誕生日会によばれて行ってきた、という親御さんの話を聞きました。

「もらった人が喜ぶものを、と母子で手作りして持っていったが、ほかの五、六人の子どもたちは買ってきた物をプレゼントしていたという。自分もそのおもちゃが欲しくて羨ましかったのもあろう。プレゼントをもらうのはうれしいことだろうが、小さい時から、物やお金に囲まれて生活することに抵抗を感じます。」

学級通信に小さな囲みで載せて、次の懇談会の話題にしました。懇談会の終わりにAさんが、「悩んでいるのは自分だけかと思っていたけれど、どのお母さんも同じなんだと分かって、とても安心しました。」と言われました。保護者も子どもとともに、一年生の親として育っていきます。そういうなかで、各家庭の教育環境が広がり深められていくのでしょう。

お金を拾いました

六年生三人が、学校の帰り道で五〇〇円拾いました。最初は交番に届けようと相談したのですが、結局お菓子を買って分けてしまいました。夕方になって、心がそわそわしたA君はお母さんに話しました。お母さんから「正直に先生に話しなさい。」と言われました。そこで学級会で三人の名前は伏せて、事の次第を説明して子どもの意見を聞きました。

・私も五年生の時五〇〇円を拾いました。その時は「ラッキー」とか思って、家に帰って考えてみたら「これって、どろぼうになるんじゃないかな」と思い、母に話したら「交番は薬局の近くにあるので、届けに行ったら?」と言われた。届けに行ったら、交番の人に「えらかったね」と言われました。

・ぼくもお金を落とした事があります。それで「ちくしょう」と思いました。ぼくはその落とした人の気持ちを考えれば、すぐ交番に届けようと思います。

・自分も友だちと悪い行いをした事があります。三人とほとんど同じ条件だったので、人の事はいえない立場になっています。思った事を実行に移すことが大事なことが分かりました。
・分かっていても、ついついやってしまうのが人間です。三人の事、他人事ではありません。もし私が五〇〇円拾ったとすると、どうしていたでしょう。〇交番に届ける、〇買い物をする、この二つが出ると、私なら正直いって買い物をしてしまうかもしれません。本当は分かっていたんだという事は通用しないかもしれません。

六年生にもなれば、やってはいけない、やらなくてはならないの判別は十分についている。行動の結果がどうなるかも想像できます。しかし、現実の場面では、どちらを選択するか迷ってしまうのです。三人で先生に話すのにも、二日を要しています。指導のし方はいろいろあるでしょう。ここでは、善悪を議論するのではなく、このように行動してしまったのはどうしてだろう、と問いかけて自分自身のこととして考えさせたいと思いました。

子どもの教育は、学校、家庭、地域社会の密接な連携のうえに成り立っています。学校は、子どもが生きていくための様々な学習をする専門の機関です。だから教育にふさわしい物的人的な環境が整えられており、計画的に教育が行われていきます。学校での教育が成り立つのは、子どもが家庭生活で、学びに向かう基盤がつくられているからです。様々な躾を中心とした教えのなかで、嘘をついてはいけない、こういうふうにするのがよい行いだと折にふれて教えられて育ってきました。だからA君は家に帰って気持ちが落ち着かなくなってしまったのでしょう。「正直に先生に話しなさい」というお母さんの言葉で、家庭と学校とがつながりました。ここには、二つの意味があると思います。

一つは、子どもに自分のしたことをよくよく反省させたいということ。もう一つは、担任の先生に対して。先生には、子どものありのままの姿を知ってほしい。そして今後もきちんと指導してほしいという願いです。人に話すのは、子どもに論理的思考を促します。いつ、どこで、どういうことを――と、行為を具体的に客観的にみつめ直す。それが感情を抑えて論理的な話し方を促すのです。またそれは、自分の心の弱さを自覚し善悪の判断を鍛えてくれるでしょう。家庭での教えがあり、学校との連携があって、A君やクラスのみんなの学びが深められたのです。

ここにはまた、地域社会という教育環境が深くかかわってきます。当然ながら、子どもの教育は、よい事を目指して行われるものです。しかし子どもは、よい事のみのなかで育つのではなく、悪い事もいろいろ経験していきます。実はこの悪い事の方からの学びが大きいようにも思われます。よい事はすんなりいって当たり前ですが、よくない事をするとあれこれと思い巡らせ、心が穏やかでなくなります。そういう葛藤が自分を深めてくれることになるのです。子どもはよい事と悪い事の両者の間で揺れ動く心と闘いつつ、自己をつくっていきます。子どもたちは日常的に、登下校の見守りなど地域社会の多くの人々に温かく保護されています。「おはよう」「おかえり」と声をかけられて挨拶を返すことや、交通ルールを守って歩行することも意識するでしょう。そういう地域社会の人々とのかかわりの教育環境があります。それとともに、お金が落ちているというハプニング。町には店も多様にあり人々の便利な暮らしや人の動きの諸相が生起しています。地域社会は、子どもに様々な教えや試練を与えています。生身の教育環境が存在しているのです。

人は地域社会に生まれ、生活し、学び、様々な経験をしながら、社会人として成長していきます。子どもが育つ生活の場はそれぞれの役割を担っています。家庭で「愛情」を、地域社会で「世間」を、学校で「他者社会」をと、社会的なかかわりの基盤を育みます。子どもを取り巻く教育環境の、相互的、相乗的な教育について、いろいろ考えていきたいと思います。

4　小学生の今を生きる

ジャンボかるた集会

　全校児童でジャンボかるた集会が行われるので、各クラスで組を決めることになりました。「四人一組になってかるたを取りに行くのです。どうやって組を決めたらいいですか」と学級委員の司会で話し合い、四通りの意見が出て、多数決で決めることになりました。

①いまの班―六人、②好きな者どうし―一九人、③男子二人女子二人―五人、④家庭科の班―六人。それから――。

・ぼくは始め、「好きな者」がいいにしていたのだけれど、先生が途中で「楽しくする集会なんだから、もう少し考えたら」とおっしゃったので考え直して、ぼくは「男子二人女子二人」にし、楽しくしようと思った。

・男子二人女子二人に決まって、とってもくやしかったけど、みんなの意見に一人だけ反対することはできないと思う。楽しい集会にしたいと思う。

・「集会を楽しくしよう」ということで、自分の考えで、男子二人女子二人に変わりました。でも好きな者どうしもおしいなあ～と思っていた所に、男子二人を決めるのは好きな者どうしということになりました。とてもよい話し合いになったと思う。
・好きな者どうしで完ぺきに決まっていたけど、先生がそんなのだとつまらないと言って、W君が変わって、次々と意見を言って、変わらないのは三人だけになった。けど、好きなどうしがよかった。しかたがないけど、まだ、好きなどうしがいい。

ジャンボかるた集会は、大きなかるたの札を、手をつないで取りに行きます。手を離したら減点というルールです。いよいよ集会当日。全校児童大いに盛り上がりました。わがクラス、笛の合図を待たずに、読み札の言葉をきいたとたんにワッと飛び出してフライング。「あった!!あった!!」と思わず手を放して駆け寄って……と減点多々。それでも、五年生六クラス中第二位となり、ジャンボ賞状が届いて、みんな大喜びをしました。

クラスの仲間集団は、民主的な集団であることが基本にあります。みんなが話し合いに参加して、自由にお互いの意見を話し合います。そして、議論をほぼ尽くして多数決で決めようということになったら、その決定には従わなくてはならない。決定したことは実行しなければならない。この、参加する・議論する・決定する・実行する、というプロセスは、民主主義社会の公民的資質の基礎と重なることだと思います。しかし、事はみんながすっきりと受け入れる、とはいきません。決定したのでそうしようと思いつつ、「しかたがないけど、まだ、好きなどうしがいい」と、切なく自分の本音にこだわっている。そういう自分をなだめ、自分に折り合いをつけて進もうとしています。多勢は決定に当然従えるが、少数は頑張って従っていくのです。今後またどこかでこのような場に出合うことがあると思います。その時には、別の方法や意見を出してクリアしていけますように。子どもたちはそうやって、将来の社会の基礎基本につながることを身につけつつ、小学校生活の今を思いっきり楽しんで過ごしていくのです。

初めて選挙の投票に行った時のことをAさんが話してくれました。「選管からはがきが届いて投票に行くのがうれしかった。立候補者のことは余り分からなかったけど、一応広報を読んで決めた。その後自分が投票した人がどんな働きをしたのか、身近なこととして伝わってこず、どの人に投票しても同じなのかという思いもする。でもその後も投票には必ず行っている。後輩の高校生が、授業で模擬投票をしておもしろかったと興味をもっていた。」とにかく、参加することから始まるという行動が頼もしく感じられました。

燃焼の仕組み

六年生の理科で実験を伴う学習は、各班で教科書を読んで、手順を確認し実験を進めていきました。以下は、たまたまもらったノートの記述からのものです。

「実験1・石綿付き金網*の上に乗せたわりばしを燃やして、消した時の様子を観察する」

・わりばしが燃えるのを消すために息を吹きかけると、真っ赤になって白い煙が出てきた。

・なんで真っ赤になったんだろう?（答え＝酸素がかかって燃えた）

・白い煙は何だったのだろうか？（答え＝二酸化炭素）
・燃えている時と消えた時の煙は、消した時の方が量が多い。なんで？
・燃えた所は灰になっていた。
「実験2・ろうそくが燃える時、消した時の様子を観察する」（略）
「実験3・ろうそくの炎の気体はどんなもんだろう。炎から出た気体を試験管に取りだして、火をつけて調べてみる」
・分かったぞ〜！　二酸化炭素のほかに、何かの気体があると分かった。その気体は、ろうの固体が液体になって、それが火の熱で熱せられて水蒸気になって、それが燃えていると思った。
実験7まで、燃焼の仕組みの実験、観察は続いていきます。教科書には、実験のし方から結果まですべて写真入りで説明してあります。読めばその通りに分かるようになっています。でも、読むだけでは理解はしにくいです。自分で実際に実験をするから、細かいところまで観察して納得し、なんでだろう？　という疑問も湧いてくるのでしょう。

知的好奇心について考えてみたいと思います。子どもは知的好奇心に支えられて知識を習得していきます。それは知識を教えられて受動的に学ぶようにみえますが、そうではありません。子ども自身の、新しいことを知りたい、もっとうまくできるようになりたいという能動的なものがあるから、教えることも可能になり、子どもの学びとして成り立つのです。理科は科学的な能力を育む学習です。既有知識が下地にあるから、観察することで驚きの感情が引き起こされ、さらに知りたいと動機づけられます。観察の気づきを班で話し合って、ノートに書くという作業は、科学的な思考を促します。事実を、感覚だけではなく、定性的・定量的に調べ、因果関係を考えて確認する。自分の考えを友だちと比べながらお互いに聞き合います。自分の考えを言うには、相手に分かってもらわなければならないから、お互いが理解している概念の知識や言葉を用いる必要があります。話す、記述するということで論理性も学ぶのです。

このような学習の一つ一つが科学的な能力を養っていきます。その中心にあるのが感性をともなった知的好奇心です。知的、能力的に発達段階のその時だからこその学習が、子ども時代を充足させることになるのでしょう。

六年生の始まりに、一本のろうそくに火をつけてこの一年を大事にしようという話をしました。燃えるろうそくは、知らず知らずのうちに短くなっていきました。その日の日記は、六年生の一日一日を大切に過ごしたいというものがほとんどでした。ひとりこんなことを書いていました。「ぼくは、ろうそくの話を聞いて、何かわけの分からない気持ちになりました。いい話なんだけど、分かるんだけど、なんか変な感じになってしまいました。」

彼なりの科学的な考えをもっていたのでしょうか。それとも何か神秘的な感動だったのでしょうか。もしかしたら、彼の知的好奇心を阻害したのかもしれない。「あなたの知的好奇心のままに進んでいいよ」とはいかない、決められたカリキュラムや限られた時間で学ばせるという公教育の枠組みもあります。「なんかヘン」と引っかかる子をどこかの学習の場で生かしていく。少なくとも異端であるのをつぶさないことを心していかねばならないと思います。

人間はよりよい社会を求めて技術革新を進めています。人工知能の開発はめざましく、自動運転、災害救助、介護の分野など多岐にわたります。しかしやがて人間の能力を超えて職業を奪うことになるのでは……。科学技術の発展に内在する諸々のリスクも含めて、もっと知りたい、もっとよりよい社会をつくりたいという知的好奇心があるのです。子どもたちの知的好奇心をみつめていきたいです。

＊　現在では石綿（アスベスト）付き金網使用は禁止されている

自習の日

担任の出張の四日間、四年生の子どもたちは自習計画表に基づいて勉強をしました。専科の先生の音楽、栄養士の先生の話、全校集会では発表をして、台湾とマレーシアからのお客様の話も聞いて、それから、教頭先生の図工などいろいろな先生方に授業していただきながら勉強。学年の先生方が何度も見に来てくださった。一日の反省は「どんなふうに勉強しましたか」「班の人とどのように協力しましたか」を書いた。最終日「四日間を振り返って思ったこと」の記述です。

・やっぱり先生がいなきゃあ、先生がいるみたいにできないと思いました。
・先生がいなくなって、みんな勉強中もしゃべっていて、びょう人とかもいっぱい出てきました。先生がいたら、びょう人なんて出ないと思いました。
・けんかはしたけど、ちゃんとそうじはしました。
・けんかとか、もめごとが起きたりして、ほかの先生方にめいわくをかけるので、先生、早く帰ってこないかな〜〜。

「大丈夫！　自分たちでちゃんとできま〜す！」と、張り切って約束したのですが、いざやってみると本当は大変だったのです。しかも、最終日に提出するはずのプリントやノート類を出していたのは、四名だけ。出張明けの大休憩後の三校時、みんなが着席するまで一〇分もかかりました。四月以来三カ月で積み重ねてきたクラスの規律は、たった四日間の留守でリセットされてしまいました。

生活科の目標に「自立への基礎を養う」とあります。自立とは、できることを増やして、自分の意思や判断によって行動できるようになることです。先のエピソードの四年生の子どもたちの自立について考えてみます。

「先生がいなかったからけんかが起きた」といっているのですが、このクラスでの喧嘩は日常茶飯事でした。そのたびに注意をしたり、話し合ったりしてきました。担任不在の教室は雰囲気が異なり、むやむやの気持ちも抑えられなかったでしょう。当人は「けんかはしたけど、そうじはした」と自己主張もしています。

また、「たいへんだった」というのが大半の子どもたちですが、「よくできた」と評価している子どもも四名いました。「びょう人が出たりしたけど、がんばって、みんな助け合って、男子もときどきけんかしたけど、楽しい毎日だと思いました。」「先生がいなくてもうまくいったのがうれしかったです。ちょっとけんかがあったけど。」などとあります。おそらく、班で注意をしたり、それを聞いてくれたりもして、よくやったなあと充実感をもつことができたのでしょう。

「たいへんだった」は、四日間の様々な出来事を理解したからこその評価の言葉です。彼らなりに一所懸命にあれこれやったから、大変だったのです。喧嘩が起きて、班の者でなだめ、自分たちの手ではおさまりがつかない時は、隣の先生に助けを求めに走る。プリントの分からない所は班の人に教えてもらう。病人は保健係が保健室に連れていく。そのようなことは四年生なりの自立の姿です。自立は、できるということとともにできない時にどうするかということも含んでいるのです。個が自立しているから、クラスの仲間の一員としてやっていくことも可能となります。うまくやっていくには自分を抑えて協調することも必要です。クラスという集団のなかで子どもは多様な自立を学んでいくのです。

ここで自由*についてについて少しふれておきたいです。自立には自己制御しつつ身につける自律と他者からの制御による他律があります。他者からの制御は自己の自由が縛られる状態です。先生がいるからちゃんとできるのは他律です。先生がいてもいなくてもできるのが自律です。そこでは、先生という存在を拘束するものとはしていない。先生という存在から解放された状態、つまり自由であるということです。そういう自由と自律が根底にあって自立に向かえるのだろうと思います。

六年生担任の時、三日間出張をしたことがありました。専科や学年合同の授業も組み込んでもらって、子どもたちは自習計画表に基づいて勉強をしました。振り返って書いた文章には、頑張りの様子が様々に記述されていました。「ついしゃべりたくなるので、筆箱にはった『ダメ！』のシールを何度か見ました。」「班のみんなで、ガンバロウ！と手を合わせてカツを入れてがんばりました。」といろいろ工夫して、ちゃんと自習をしたという自負心がみえました。

後日、Y君のお母さんが教えてくださった。自習中に私語でざわついてくると、日直のY君が「話をやめえや。ちゃんと自習できなかったら、お土産なくなるで！」と声を上げていたそうです。「六年生になってもお土産が効くのですねえ。」

自習ができる子になるというのは、幼児期にお留守番ができるようになったことから続いている、子どもにとって大きな試練を伴う自立のひとつの姿です。

＊ 猪木武徳『自由の思想史』新潮選書 2016

家庭科

家庭科の授業が終わって、糸くずやミシンの後始末をしないで帰った人がたくさんいました。エプロンの仕上げに使うヒモも数本落ちていました。家庭科の先生に注意されて、残っていた人たちが掃除をして片づけをしました。その後、道徳の学習で「木を植えた人」を読んで、家庭科のことを振り返ってみました。

・木を植えたブフイエは、人からたのまれたのではなく、自分から木を植えました。でも私たちのクラスは、命令や指示を受けないと行動ができません。

・そうじをしている時に、先生に、この組は一番責任感がないと言われた時、私はとてもショックでした。ちゃんとやらなきゃいけないというのは分かっているんだけど、どうしても最後がだめです。

・自分でやるしかないから、ブフイエはやってると思います。家庭科でも誰かがやる、ではなく、自分でやらないとしょうがないと思います。

専科の授業は限られた時間でもあり、先生もみんなが楽しめる学習になるようにと、注意は控えめにされる。特に実習は大好きで子どもの気持ちもついつい緩みがちになってしまう。こうでなくてはいけない、こうありたい、と子どもはいつも思っています。でも、それがなかなかできないのです。「反省の言葉や思いは、行動に表してくださいね。」との家庭科の先生の言葉でした。

自分の気が済むようにひたすら木を植えた、ブフイエの崇高なその行為に感動し、自分もそうありたいと心に誓う。それは道徳科のD（生命や自然、崇高なものとの関わり）の内容項目「よりよく生きる喜び」です。これとあわせてもうひとつ、A（自分に関すること）のなかの「責任」について考えてみます。

家庭科で裁縫実習の最初の時間に用具類を確認します。その確認の一つに、針の本数を数えることがあります。学習が終わって片づける時にも最初の通りに本数が揃っているかどうかを確かめます。それはどうしてでしょう。子どもたちは答える。「整理整頓をきちんとするため。針一本でも物を大事にする。針が床に落ちたままだと危ない。もし布に針が刺さったままになっていて気がつかなかったらケガをする――」それらは自分のみでなく、ほかの人に迷惑を及ぼすことにもなりかねないことです。だから家庭科の時間には繰り返し行うのです。「責任のある行動」「責任感をもって行う」その責任の中身は、針の例で上げたように多様にあります。

家庭科室という公共の場で、ひとりひとりが自分のすべきことを行うという責任。「自分でやらないとしょうがないと思います」というのは、投げやりではなく、当たり前のことをするという責任を受けとめる言葉です。自分にできる小さな役割を果たしていこうとするのが責任であり、社会の一員ということでもあります。災害が発生した被災地にたくさんの人々がボランティアに行く姿にも表れています。他者社会はそうやってほかからの押しつけではなく、自らができる役割を果たして、人々が助け合い支え合って生きているのです。それは公民的資質のひとつだと思います。

家庭科の学習を道徳科で深める一つの例を挙げました。道徳科で学んだ心情や実践意欲は、学校生活の多様な場面で行動化されて身についていくのです。

子どもは一度注意されたら、二度と同じ注意を受けずにできるようになる、とはなりません。何度も同じ過ちを犯しては反省をして、今度からは、ということを繰り返しながら、よりよい自分を目指して、自分を少しずつつくっていきます。子どものみならず、大人になっても同じです。この、繰り返し、少しずつ、という過程のなかで様々に人間として鍛えられて、人格が形成されていくのでしょう。

トイレ掃除

トイレ掃除は誰もがあまり進んでやりたいとは思いません。水を流して棒タワシでこすって適当に終える。それが二学期になって変わってきたのです。

・はじめは、いやいややっていたトイレそうじだが、便器に手をつっこみタワシでこすり「うわー、きれいになった」「これでSにバカにされん」とか言ってるうちに、そうじが楽しくなってきた。それにぼくたちの気持ちが分かったのか、次々に手伝ってくれるようになった。

・男子トイレはついこの間まですごくきたなかった。でも私たちの班が当番の時に男女ともに男子トイレをきれいにした。てってい的にそうじをしたのだ。主に男子ががんばったけれど、素手にタワシを持ってゴシゴシと――「きたないナア」と思っていたが、そのおかげでしみついたよごれも全部とれた。手でやったのが反対にきれいになったのだ。そうじをしている時はもちろん、後あじも悪かった。だが、完全にきれいになると、とても良い気持ちがする。男女関係なく、そうじをすることもできた。次にトイレそうじが回ってきたら、女子トイレをきれいにしたい。

・ぼくは最初便所そうじの人が先生にほめられようとしてやっているのかと思った。後から最初の思いを反省している。

・ぼくたちの班はトイレそうじ。すごくきれいにしようと思った。それは前の班の人たちがすごくきれいにしたからだ。ぼくたちもそれに続いてがんばろうと思う。二代目としても。そして、次の班にもがんばってもらいたい。

一学期の間は担任もトイレ掃除につきっきりで一緒に掃除をするようにした。二学期になって変わったことの動機は何だったのか。転校してきた子がトイレが臭いなどと言ったのかもしれません。きれいなトイレを使うのは気持ちがいい。自分たちが頑張ってやったんだという充足感もあるでしょう。ほかの先生方から誉められることもありました。でも一所懸命にやると楽しくなってきて、男子も女子もお互いに協力し合うようになり、トイレ掃除は三代目、四代目、と続いていきました。汚れた所はどこでもきれいにしたいなどというようになったのです。

自分たちがきれいにしたことに大きな満足感を得たでしょう。しかし自己満足とは少し違っています。自分が思うようにやって満足したということではないのです。みんなが使う所のために頑張った結果きれいになり、自分も気持ちよく使えるようになった。それは、人の役に立つことを行う、という公共の精神です。自分の利益のためではなく、自主的に、人の役に立つことを行い、充実感をもった。自分がやろうとして達成した。だからほかのクラスの人から「手でやってる」「きたない」などの陰口が聞こえてきても、まったく意に介することはなかったのです。人がどう言おうと、どう見られようとも、気にならない。自分自身が進んでやり没頭できると苦でもなんでもないのです。それが自己実現といえるものだろうと思います。さらに、そのような自己実現に向かえたのは、掃除に参加したからです。最初は必死で掃除をする友だちの姿を見て、「手伝おうか」「おう、手伝って」とそれぞれが巻き込まれて参加していきました。そうするうちに、掃除が義務でなくなり、男女が協力し合って楽しくなり、という雰囲気が生まれていったのです。参加することから始まった諸々です。

ひょっくりあの時のK君が学校に訪ねてきました。刑事になる勉強をしているとのこと。今、社会人になった彼らはそれぞれの組織や人間関係のなかに参加して仕事をしています。小学生の「今」を生きた頃と同じように。

チャイムのあとで・3

「おはようございま〜す。」ランドセルの三年生たち四、五人が校長室に入ってきました。家で飼っているメダカのことなど話していると、ひとりが「あっ、T先生だ。」と言いました。窓の外に目をやると、駐車場に停まった車から、先生が降り立たれたのが見えます。

「先生ね、水族館でデートしてたよ。お母さんが見つけた。」

「あ、ぼくも。アクアで見たことあるよ。でも声かけんかった。」

――なぜ？

「だって、ラブラブだったもん。」

――あら、ラブラブだと、どうして声かけないの？

「ラブラブだから、声かけたら、かわいそうだもん。」

「ぼくだったら、あっち向いてる。」K君の一年生の弟が言いました。

「じゃあね、バイバイ！」と出ていくみんなを、しっかり勉強してらっしゃい！　と見送りました。

声をかけることを家族の人に止められたのかどうか。こんな時は人には見られたくないものだということを、子どもなりに理解したのでしょう。一時間目が始まり校内を見て回ると、T先生は澄ました顔で教壇に立ち、子どもたちも一斉に声に出して教科書を読んでいました。

Ⅱ　知識・技能を習得する

近代的な学校制度が始まった当初は「知育」が目指されました。やがて知育偏重から「徳育」「体育」が重視されるようになり、大正期の「知徳体」の全人的教育、そして戦争の時代を経て、社会が成熟するにつれて、学校への期待や要請は広範なものになってきました。しかし内容の拡張にかかわらず、子どもたちの学習は、知性と感性の相互作用によって深められていきます。この章では学力の基礎である、知識・技能の習得の諸相を考えてみようと思います。

1　学習の基礎基本

心を動かされたこと

「近ごろ心を動かされたのはどんなことですか？」と朝の会で尋ねてみました。しばらく沈黙。首をかしげて考える子どもたち。ややあって。

「お父さんと話したんだけど、コンクリートの間から、雑草が生えていました。」

「私も似てるけど、電停のコンクリートの隙間に、紫色の花が咲いていました。」

「電車に乗った時、ぼくがお年寄りに席をゆずろうかどうしようかと迷っていたら、小さい子がゆずりました。」

「この前、まっかな夕焼けを、先生に言われて一緒に棚の上に上がって眺めました。」

――そうだったね。この頃特に朝焼け夕焼けが真っ赤なんだけど、見た人は?……ほかに誰もいませんでした。心を動かされたことがあるというのは、結局三八名中四名だけだったのです。


六年生ともなると、学校内外での勉強や習い事など毎日の生活が詰まっています。多忙感に包まれて、何でもないような事柄には心がとまらなくなるのでしょうか。遠足や観劇会などのイベントは感動が伴うものです。しかし、日常生活は、当たり前のことを当たり前にやっていくことで続いていくもの。そういうなかで心を動かされたと答えた子どもの言葉も、どれも特別なものではありません。感動的なことはそんなにはないものです。もっとも、日常的に心が揺れ動いていたら、かえって落ち着かなくなってしまうでしょう。

美しいものに感動したり、創造的に表現する、といった場合に、感性や情操が作用しています。この感性や情操は、単なる感覚ではなく、知識との相互作用のなかでより豊かなものに磨かれていくものでしょう。例えば、真っ赤な夕焼けの、あまりの美しさに言葉を失い、しばしみとれて浸る。頭のなかに鑑賞したことのある曲のメロディが流れてくる。あるいは、この夕焼けを演奏するなら、どういう楽器で、どんなふうに演奏するとよりよい表現ができるだろうと考える。そこには、楽器の種類や楽譜についてなど器楽演奏のための知識が基にある。知識をもっていると、漫然と眺めて終わるのではなく、もう一歩深く味わうことができるし、人に伝えることもできます。

子どもたちが学ぶ知識は、先人が見つけ出し受け継いできた普遍性のあるものです。各教科の基礎基本の知識を得て、その過程でものの見方や考え方も養われます。先生方が指導法に苦慮しているのは、いかに子どもたちに知識を習得させるかという、根本のことだからです。毎日コツコツと学習を積み重ねていくしかないのかもしれません。「この秋は雨か嵐かしらねども今日のつとめに田草取るなり（二宮尊徳）」。自然の脅威を淡々と受けとめて自分の生きる道を洞察できるのも、知識を基にした経験の上に成り立つものでしょう。ふとした日常の出来事に心をとめ、それと相まって知識や技能が習得され、さらに深い感動や情操が育っていく――。そういう循環を体得していきたいものです。

五年生で心と体の発達についての学習をした後のこと。給食当番の時O君が「食缶は重いからオレが持つよ。」と言ってくれて感激したとMさん。体の学習をすると、ひととき、男子が女子に対して優しくなります。知識を得ると思いやりも育んでいくものですね。

やる気を引き出す

五年生の二学期から宿題を「自主勉強」としました。一学期の間は、国語教科書読み、漢字練習、算数計算ドリルなどと毎日宿題を出していました。それを、自分で決めて勉強することにしました。ただし、漢字練習二〇〇字は必ずやることにして。

子どもたちは、喜んで毎日三〇分から一時間以上様々にやっていました。でもなかにはやる気のない子も何人かいました。Y君はそういう子でした。一週間の勉強結果表を書いて提出しました。

・第一週。月―やってない、火―やってない、水―習字二〇まい、木―かんじ、金―やってない、土―やってない、日―やってない。「感想」なかなか勉強する気がない。勉強はおもしろくないし、あそびの方がおもしろい。勉強をやらないと大きくなったらこまるだろう。

――う～～～ん（と赤ペンの返事）

・第二週。月曜から土曜まで「やってない」で、日―算数ドリル。「感想」ほんと言うと、ぼくは勉強きらい。でもやらなければいけない。

――「やらなきゃいけない」「やりなさい」って言われる勉強なんてつまらないですよ。自分のやりたいと思うやり方でがんばろうよ。（と返事、がんばろうのシールを貼る）

・第三週。月、火、木、金、日と「やってない」。水―「川とノリオ」の漢字、土―算数ドリル。「感想」だんだんやる気が出てきた。

――ほんとうだね。やろうと思うようになったんだね！（ヒットのシール）

・第四週。月―やってない、火―算数ドリルP．一、水、木―やってない、金―国語漢字ドリルP．三、土―やってない、日―日記。「感想」三つも勉強をやった。自分でもうれしい。
――すごい!!　やったねえ！（ホームランのシール）

第四週目で、「やった。うれしい」という満足感をもちました。ここから着々といくようになる、とはなりません。しかし、満足感を味わえたことが大きいのです。本人にとって「三つも」です。勉強は子ども自身がやる気になってこそ、身につくものです。なんとかやる気につながるように、と、やらされる宿題ではなく、自らが決める宿題でした。五年生になると断然「自主勉強」がいいと言います。中学年でも実施したことがあるのですが、二週間もたたないうちに「先生が決めて」と言い出しました。自分で決めるという自律性はそれなりの発達段階が必要だと分かります。ただ、「自主勉強」とはいっても、担任からの強制であることに違いはないのです。

勉強は、字の如く、無理につとめる、励む、強いることです。子どもは自らを強いていくことは難しい。また嫌々では身につかない。だから学校では様々な形で子どもに強いてやる気を喚起していきます。嫌々でもやって達成感をもつと、うれしくなり、また頑張ろう、次は違う方法でやってみよう、などと意欲も湧いてきます。子どもは、勉強しないと将来困る、ということも自覚しているのです。だから怠けたい気持ちと内心格闘もしています。

また「やらなければいけない」という気持ちには、クラスの友だちの存在も作用しています。「友だちもやっているんだから」と自らを励ましもするでしょう。

新社会人に対する苦言として、嫌になったらすぐに辞めてしまう、指示されたことだけやって事足れりとしている、などといわれて久しい。現代の若者の価値観などの違いもあるのだろうが、現実からの逃避ではもったいない。目の前のことを、とにかくとことんやっていく、すると何かが開けてくる。そういう経験が不十分だったのかもしれません。他者からの強制を、自らのこととして受けとめて、努めていくようになって、はじめて強制の意義が生じます。それは大人になってもずっと必要なことでしょう。

高校生になった子どもたちのクラス会で、私学に行っているE君が言いました。「国語で新聞の第一面のコラム（天声人語、天風録、編集手帳など）の視写が宿題となった。みんなヒーヒー言って、如何に手抜きするかとやっていた。僕は、スイスイなんの抵抗もなくできた。ミニ作文も得意。五、六年で視写をやっていてよかった。ほんとによかった。あれ、今の子にも絶対やらせてください。絶対ためになるから。」

自分が努力した意味を理解するのは、ずっと後になってかもしれません。社会人になれば、好き嫌いなどは通用せず、とにかく努めねばならないことはいろいろあるものです。小学校の段階だからこそ、強いられて、素直に頑張ることができる、そういうことは多様にあると思います。

跳び箱

四年生の体育の時間のこと。跳び箱を跳んだ時に手のつき方がまずかったのか、跳び箱の横に転げ落ちてしまいました。頬を打って半泣きになりました。その時先生は言いました。「もう一度跳びなさい。」自分はできないと思いました。先生は重ねて言いました。「このまま跳ばなかったら、あなたは跳べないままになってしまう。さあ、もう一度跳んで。」跳び箱で擦った頬も痛かったし、なにより跳び箱から落ちたことが怖かった。ひどい先生だと思った。結局、跳ぶことができました。

四〇年近くたった今も、その時のことを鮮明に覚えているそうです。失敗したままだと、その失敗を抱えていくことになる。だから可能にすべく挑戦することを教えてもらった。そう彼女は言います。担任であった自分は、申し訳ないことに、その出来事の記憶は残っていないのですが。ただ、振り返ってみると、そういう場合、そのようにしただろうなとは思います。どの子に対しても同様に、ということではなく、彼女だったからそうしたのだと思います。頬は赤くなっていたが、腕や足などに怪我はないようだ。その子が、身体的精神的に今どの程度ダメージを受けているかを見極める。意思の強い子でもある。そのほかの日常生活の諸々のかかわりなども下地にあっての、瞬時の判断で発した言葉であったと思います。

クラスでは個を育てつつ同時に集団を育てています。個を育てるのと集団を育てるのとは、対立ではなく、イクオールです。そのことを、このエピソードによって考えてみます。

まず個が学ぶことについて。

挑戦するというのは、新しいことに対してというだけでなく、現状に対してのことも含んでいます。そこには当然、うまくいく場合も失敗もあるはずです。できない、と諦めると自分に負けてしまう。できる、と思える自分をつくることは大切です。しかし大事なのは、できるできないよりも、とにかく前を向いて進んでいくということだろうと思います。

失敗を糧としていけるのは中学生になってからでしょう。小学生段階では、成功体験をたくさん積んでいくようにしたいです。それが人格形成の核になるからです。核になるひとつが挑戦するということでしょう。核になるものは、人によって様々です。成長するにつれて、それぞれの核に様々な経験が積み重ねられていきます。学力の基礎として重要なものは、その子自身がつかむ、人格形成の核にあるのではないでしょうか。教師はその核を見抜き、そこに豊かな経験を積み重ねていけるようにしたいです。

次に集団についてみましょう。

跳び箱から落ちた事は、ほかの多くの友だちにも分かりました。頬を押さえて泣き顔になっている。痛いだろう、怖かっただろうなどと同情もする。それに対し「跳びなさい！」の言葉。彼女は立ち上がってスタートラインに行き、跳び箱に向かって助走する。その一挙手一投足を固唾をのんで見守る。トンと跳び箱の向こうに両足で立った時思わず拍手。できた！　がんばった！　すごい！　いろいろな思いが拍手にこもっています。彼女の成功をクラスのみんなが共有することができたのです。そして、すごいなあと友だちをみつめる、よし、自分もがんばろうと奮起するなど、それぞれの思いをもつ。個人の成功体験がみんなの共有体験となって、ひとりひとりに返されていくのです。そのようにして学級集団の文化、風土といったものが醸成されて、集団が成長していくことになるのだと思います。

今、彼女は保育園の園長先生。乳幼児期はできることが目に見えて日々増えていきます。子どもたちの「できた！」をともに喜び、楽しんでいる様子がフェイスブックで紹介されています。やがて小学校に入ると、子どもたちは自分ができないことを自覚するようになります。それぞれの子どもが成功体験を増やしていきますように。

音楽の学習

二月の終わり頃、音楽の授業から教室に戻ってきた子どもたちが、鼻歌を歌っていることが度々あったので、尋ねてみました。

（1）あなたは音楽の授業でどんなことが楽しいですか――

・「美しい季節」のような、きれいでやさしい感じの曲を歌う時が一番楽しい。
・主にぼくは、笛を吹いている時がいいです。それと、新しい歌を習う時がいいです。
・大太こや小太こで合奏するのが楽しいです。だから何回でもやっていいです。

・今習っている「ダブルマーチ」の合奏がとても楽しい。木きんも笛もとても楽しい。

（2）家ではどんなふうに音楽を楽しんでいますか――

・CDを聞いたり、テレビで歌番組を見たりする。

・リコーダーを吹いて楽しんでいる。

・ピアノをひきたい時にひく。きげんが悪い時にひくと、ひいた後はいい気持ちです。

・音楽は好きでないからない。

・楽しむことはあまりないが、時間割をする時や、ひまな時は、よく歌ってしまうのだ。

・家では日曜日、みんなで、タンバリン、トライアングルなどを使って合奏をしています。私と妹がよくばん奏しています。

・ウォークマンで勉強している時によく聞いて、とっても楽しいので、勉強がはかどる。

（3）あなたにとって音楽とは――

・私は音楽が、大大大大大大大～～～好きです。音楽歴六年！

・おんちを直そー。音楽は明るくなるからあった方がいい。

・音楽は、さみしい時に聞くと明るくなるし、もりあげてくれる。

・音楽は生活になくてはならないものだと思う。誰かとけんかした時、音楽を聞くと心がやすまる。

ほとんどの子が音楽を楽しいものだと受けとめています。あまり好きではないという数人も、音楽の授業については、何らかの楽しさを書いていました。音楽の授業は、好き嫌いということではなく、学校での学習だからちゃんとやっているということでしょうか。それは大事なことです。

五年生の始めに自己紹介をし合った時、音楽が嫌い、という男子が多くてびっくりしました。しかし学年の終わりになると、それなりに生活の中に音楽が流れるようになっているのです。音楽専科の先生の指導あってこそです。

豊かな情操を養う教科として、音楽、図工、体育が代表としてあげられます。それは、体験して、自分の感覚を総動員させて活動するものです。活動するなかで、どうやったらうまくいくのかと知性を働かせて考える。器楽の演奏も、もっとうまくなりたいと練習して、上達するとさらに意欲も増し、達成感も味わうことができます。感覚、感性は、体験するなかで磨かれると思います。

大きな感動に包まれる体験活動の一つに野外活動があります。キャンプファイヤーの炎がだんだん小さくなっていくのをじっと見つめる。暗闇に包まれて、ふと見上げた満天の星に息をのむ。隣に座っている友だちと知らず知らず肩を寄せ合い、手を握り合っている。この自然のなかに自分が存在していることがとても神秘的で不思議に思える。

特別な体験でなくても、日常生活のなかにも情操を養うものは多様にあります。小鳥、カブトムシやハムスターなどを飼育する。餌や環境を整えてやらないと死んでしまう。命の尊さを知り、責任感も養われる。また、季節の草花、食べ物、遊びを通してなど、四季の変化を感じる心が育まれます。日常生活は当たり前に過ぎていきます。それをほんの少し目をとめ、心を置いて眺めることで感情が動かされ、気づきや学びがもたらされるのです。情操を養うことは、生涯にわたる自分の人生を、楽しく多彩なものにしてくれます。豊かな情操、感情、感性、そういうものが、理性としての知識・技能の獲得と相まって、深みのある人間性となっていくのでしょう。

一年生を振り返って

一年生もいよいよ終わりの三月二四日に、一年生を振り返ってみてどんなことを思うか尋ねてみました。

・かん字がいっぱいかけるようになったから、うれしいよ。でも、まだ字がじょうずじゃないから、がんばろう。でも字は、一学きにくらべて、三学きのほうが、じょうずになったような気がするな。
・わたしは入学したとき、さんすうのひきざんやとびばこができなかったけど、一学き二学きとすぎていくうちに、できるようになって、「先生やみんなと、れんしゅうをしたから、できるようになったんだなぁ」とおもいました。
・ぼくは、はじめは「はい、げんきです」しかいえなかったんだよ。いまは、じむの先生に手がみをかくよ。ほけんしつの先生にいっぱいおはなしするよ。
・ぼくは、友だちができるのがしんぱいしたよ。それで、友だちができたよ。

・一年生、つらくないとおもったら、大まちがい！　なんでもつらいよ！
以前と比べて、体が大きくなったことや、できなかったことができるようになった、といえるのは、ひとりひとりの子どもの自己効力感の表れでしょう。それは、なんとなく当たり前にできるようになったのではありません。練習をし努力をして頑張ってきた過程があってこそ、と理解もしています。「なんでもつらいよ」の言葉には説得力があります。

学校では、子どもの発達段階に応じて、系統的、計画的に教育が行われます。知識・技能は、速く正しい答えに達することではなく、答えへの辿り着き方を様々に考えることに意味があります。たす、ひくはどういう意味なのかを考える。その過程で計算能力も高められていきます。計算のし方や答えへの辿り着き方を自分の口で説明できて、計算を理解したということです。その理解があって、二位数、三位数の計算への適用も可能になるのです。あるいは、漢字で「言」という字を学習する時、その字がもつ「言葉にかかわる」という意味を学びます。それによって次に出てくる「話」「読」の漢字の意味を類推しやすく、効率的に習得もできるのです。
また、学習は同年齢集団の環境で行われることにも意味があります。同年齢の仲間だからこそ、お互いの分かったこと分からないことが共感しやすく、分からない友だちに教えてあげたいと思えるのです。友だちと、いろいろと考えを言い合うことで、知識の吟味ができて、意味が分かり、共有できる知識となっていきます。国語や算数などの教科は、何がどれだけできるかが、子どもにも分かりやすく、次の段階も目指しやすいです。それに対して、社会科や理科は、直接見えているものの奥にある、しくみ、働き、意味などを考えて理解しなくてはなりません。自分のもっている既有知識と関連づけてみる必要があるのです。そこで友だちと考えを交わし合うことで、不十分な既有知識を補ったり、間違った解釈を修正したりして、新たな意味づけをして、概念的な知識としていくのです。このような幅広い知識や技能の習得を集団で行うことが、バランスのとれた人格形成の基礎となると思います。

五年生の校外学習の帰り道でのこと。しんがりを務める私の前を行くO君が突然叫ぶように言いました。「あーっ！　ヒロデンのHだったんだあ～！」渡ろうとしている橋の向こう側の、デパートの屋上にある広告塔のマークを見ています。Hだと分かってよかったねえと言うと、「うん、小さい頃から、ずっと見てきたんだけど、いま初めて分かった。」と答えました。

そのマークは「ルービンの酒杯と横顔の図」にある、見方によって、向かい合っている人の横顔に見えるし、一つの酒杯にも見える、というのと似ています。どちらが正しい見え方だとはいえません。一方が見えるともう一方は見えず、また両方が同時には見えないのです。今まで気づかなかった見え方ができたのは、これまでの知識・技能の習得によるものもあるのでしょう。自力で発見した見え方は、彼の今後のものの見方や考え方に広がりをもたらすだろうと思います。

2　道徳にかかわって

机と椅子

新一年生は体育館での入学式を終えると、六年生に手をつないでもらって教室に入ります。机の端と、椅子の背もたれの後ろには名前が書かれたシールが貼ってあります。席に着くと、机の上をなでたり、名札に見入ったりしています。この時から、自分と机椅子との結びつきが始まるのです。

一年生の机椅子の大きさは八、九号。子どものなかには体格の大きい子もいるでしょうから、号数の大きいのも予備としていくつか教室に置いてあります。体に合っていない子は、後日ふさわしい号数に変えようとしても、たいていの子が「これでいい」とがんばるのです。

この机と椅子は使い古されて傷や汚れもついています。雑巾がけも丁寧にして、傷みのひどいものは天板を張り替えたりして、準備したものなのですが。しかし、席について「この机は嫌だ。」などと言う子はいません。入学後だいぶ経ってから「ここにキズがあるよ。」と言う子もいますが、それは発見！　であって、嫌がっているのではないのです。子どもたちは最初からすんなりと自分の机椅子として受け入れます。そして毎日使いながら自分と密接な物、自分の大事な居場所となっていくのです。

毎朝、鞄から教科書やノートなどを出して机の中に収める、教室を出る時は椅子を机の下に入れる。掃除の後などに椅子が誰かのと入れ替わっていたりすると、「これ、違う！」とたちどころに言います。机の場所が変わっていると「私、ここじゃない！」と言うのです。

机と椅子は自分の占有物であり、公共物でもあります。公共物を大切にするのはきまりだから守る、ということも大事ですが、自らが守りたいという自主性が必要だと思います。物を大切にするという行為と、大切にしたいという心情の両面が養われて、ほんとうの社会規範として身についていくでしょう。行為と心情とが反復しながら身についていき、それが成熟した社会をつくっていくことになるのです。

自分と机椅子との結びつきは、ほかの学年の子たちにとっても同様です。新学年の始業式の日に、いきなり出合い、すんなりと自分の物として受け入れて、新しい学年の生活が始まります。喧嘩をした時など、相手の子の机や椅子を蹴ったりすることもあります。万一その子が目にしたら憤慨し、相手のを蹴り返してと大騒動になります。机椅子は自分の分身でもあるのです。足蹴にされると、自分自身がそうされたのと同じ感覚になってしまいます。高学年になると、机の中を他人に見られるのを嫌うようになります。乱雑なのを注意されるのが嫌だということもあるでしょうが、机の中は他人から侵されることのない所。だから財布などを無造作に入れていても平気でいたりするのです。机の中は自分の領分として他者が入り込むことのできない、神聖な所でもあるのです。こうして机椅子との愛着が深まっていきます。

机椅子は子どもたちだけではなく、教師も経験することです。転勤していった職員室に自分の机椅子が用意されていると、新任地での小さな緊張がやわらぎます。所属する社会で、まず最初に自分の居場所が示されると、安心して組織や人間関係のなかに入っていくことが出来そうです。そういう心情は、家庭生活のなかで培われています。食卓につく家族の位置、茶碗や箸など、それぞれの決め事があり、大事に扱うように日々育てられているのです。

学校で、机椅子から始まった愛着は、心からにじみでてくる愛情として広がりをもっていくでしょう。学校を愛する心情、地域社会や国家への愛となり、ひいては人類愛となっていくような広がりとともに深まって、物心両面の調和的な社会が現れるでしょう。

六年生が卒業を前にして、自分たちが使った机椅子を雑巾がけし、手洗い場や特別教室なども丁寧に掃除をしました。全校お別れ集会の時に伝えました。「ぼくたちと一緒に生活してきた物や場所を、心を込めてきれいにしました。だから今度使う学年の人たちも大事に使ってほしいです。」下級生たちは、新しい学年になって出合う机と椅子に、六年生の思いに重なるようなことを知らず知らず受けとめていくのです。

公共の物を大切にするという道徳性が、日常生活のなかで育まれていくという一つの例です。

動物にふれる

授業参観に行った一年生の教室の廊下に作文が掲示してありました。校外学習で動物公園に行き、餌やりなどをして動物とふれ合う体験をした時のものです。

・やぎのあしがちょきでした。えさをたべさせたらガブガブとおとがなりました。
・えさをたべさしたら、ふるえたこえで「めえ」となきました。
・ひつじはふわふわで、やぎはざらざらでした。ひつじはもうふみたいでした。
・ぼくはえさをやりました。やぎの力がつよかったから、てがたべられそうでした。
・やぎをさわれるとはおもわなかった。やぎはちくちくした。うんちがくさかった。
・ひつじにさわったらふるえるから、くすぐったいんだとおもいました。どくどくいってました。

動物公園ではみんなが同じ体験をしたのに、作文への表現はそれぞれに異なっています。作文を書くにあたっての先生の指導は、次のようなものだったのでしょう。

まず、五感で受けとめた様子を、ひとつひとつ思い出して、みんなで話し合い確かめる。そして、自分が一番書きたいことを書きましょう、と作文用紙が配られる。子どもたちは、動物にふれた時のことを想起しながら作文用紙に向かう。

何度も消しては書き直したのであろう文字が升目におさまっているのがありました。先生が、新しい用紙をあげようと言われても、この子は断ったに違いありません。書いては消しの作業には様々な自分の思いが溢れていたのです。だから汚れても、この作文用紙でなくてはいけなかったのです。ひとりひとりの短い文章のなかにはその子だけの感動がおさめられているのです。

子どもたちは作文用紙に向かって、それぞれ反芻しながら書いたことでしょう。そこには、三つの意味があると思います。初めて山羊や羊に触るという一回目の体験、その時の五感での感触を振り返るという二回目の体験、そして作文に書くという三回目の体験。実に三回の体験をして、感動を深めているのです。

子どもたちはひたすら感動し、驚き、自分と同化しています。子どもたちにとって必要なのは、このように五感で楽しみそこに浸りきることです。この五感での感じ方は、一年生という年齢段階だからこその感覚のもの。高学年になってくると、知識をもち、生活経験も積んできて、別の感じ方や受けとめ方をするようになってきます。動物が好きだから飼育委員になってウサギの世話をするなどと、次の段階に入っていくのです。一年生が初めて動物に触るなどという体験の際は、教師の役目も大事です。先生が初体験でおっかなびっくり、自分は触らないで、子どもたちに声だけで励ます、というのでは子どもはとても触れないでしょう。子どもは先生の一挙手一投足を見て信頼し頑張ろうとするのです。先生が子どもと一緒に驚き、楽しみ、感動を共有することが大事です。

動物という他者が子どもの身近に存在していた、ずっと以前の生活環境では、動物を飼育する、慈しむなどをともに生活するなかで無意識のうちに学んでいたでしょう。それが叶わない今日の都会の子どもたちには、学校教育の場で意図的に、動物という他者との出会いをつくって学ばせていくのです。

大人になって「小学校の時にうさぎに触った経験が、獣医になったもとにある」あるいは「ダンゴ虫をたくさん捕まえてきては遊んだ。それが環境問題を考える原点になっている」などの言葉は、時に耳にすることです。逆に「子どもの頃、犬に噛みつかれて以来、大人になっても犬が怖い」などというのもあります。五感での体験は、学年が上がるにつれて感覚の質を深めて、ものの感じ方、考え方や行動のし方などの基礎となっていくのだと思います。

この体験活動は、道徳科のD（生命や自然、崇高なものとの関わり）にも関連しています。新しい道徳科の学習を念頭に、以下今少し検討していきたいと思います。

二わのことり（一年道徳）

内容項目：友情、信頼―友だちと仲よくし、助け合う
資料の概要：ヤマガラの誕生日会によばれた小鳥たち。でもみんなは遠くのヤマガラの家に行かず、梅の林のウグイスの家に行ってしまった。途中でミソサザイは抜け出してヤマガラの所に飛んで行った。
授業の展開は、梅が咲くウグイスの家と薄暗い山奥のヤマガラの家とを対比させて黒板に掲示しながら、話を物語っていきます。ウグイスの家に集まった場面では、春、ことりの歌をみんなで歌います。話の終わりは、遅くなってやってきたミソサザイをヤマガラが迎える感動的な場面

です。二人はどんな言葉を言っているのでしょうと、ワークシートの吹き出しに記入後、役割演技でセリフを交わしました。

ワークシートの記述。
・おそくなってごめんね。音がくのれんしゅうしてておそくなったの。おこってない？ ――分かったよ。うん、おこってないよ。そとはさむいからはやくなかにはいりな。二人でおかしいっぱいたべよ。
・やくそくやぶって、ごめんね。じつはぼく音がくかいをやってたんだよ。――おそかったね、そうなの。本とうのことをいってくれた。うれしい！
・音がくかいのれんしゅうにいって、なかなかぬけなくてごめんね。――でもきてくれてうれしかったよ。みちにまよわなかった？きてくれて、ありがとう。
吹き出しからは、それぞれの子どもの受けとめや心情が伝わってきます。多くの子が遅くなった訳を言い、ごめんねとすなおに詫びています。また「やくそくをやぶってごめんね」と言う子も多い。遅くなっても来たのだから約束を破ったわけではないのです。しかし先によそへ行ったという気持ちがそう言わせるのでしょう。また、待っていたヤマガラは「みちはこわかった？」「まよわなかった？」「さむかったでしょう」などと相手を責めることなく、反対に思いやっているのです。相手の立場に心を寄せて考えることができるのは、自分が今までに弱い立場になったり、そのように受け入れられたりした経験もしているからでしょう。

この場面の学習活動は役割演技ではなく、ペープサートを使って、ひとり二役でセリフを言わせるようにした方が適切だったと思います。二者による即興のセリフの交わし合いでは、単純なセリフしか出せなかったようです。ひとり二役で演じると、自己と他者になって両方の気持ちを表現しやすかったことでしょう。

「友だちと仲よく」という内容項目で、子どもたちに学習させたいことは、仲よくするためにこうしましょう、という一つの答えを求めることではありません。仲よくするとはどうすることなのかを、考え深めるのが道徳の時間です。友だちと仲よくするために大事なことは多様にあります。約束を守る、自分の非をきちんと謝る、訳を言う、お互いの思いを言い合う、友だちがどう思っているかを考える、友だちと楽しく過ごす方法を考える――。これらは仲よくするということの様々な知識です。今までの経験や既習などを資料に重ねるなどして考えて、知識はさらに広がり深まるでしょう。そして、こういう場合にはどうするかという道徳的な判断は、知性を働かせて論理的に筋道を追って考えます。その土台にも知識が必要です。

道徳科の評価に関して、心情面の評価は難しいですが、知識・技能は理解や習得状況の評価が可能です。だから指導法についての改善検討が容易となります。もちろん、知識・技能の習得も心情面との相互作用によるものです。両者を全く別にとらえることではありませんが、あえて区別してみると、観点別評価の工夫もできるのではないかと思います。

子どもの心情はそれぞれの言葉となって表現されます。饒舌ではないセリフにもその子が表出されています。「（ヤマガラ）きた、きた、きた――（ミソサザイ）一人ぐらしなんだな」普段余りものを言わないM君は感情移入をして小鳥になりきっています。彼の生活経験からの情感でしょうか。ひとりひとり異なる個性の子どもたちを、受けとめていくことのできる教師でありたいと思います。

かくしたボール（二年道徳）

資料の内容は次のようなものです。

休憩時間にボール蹴りが流行っている。ぼくは、よく跳ねるボールを独り占めしたいので、植え込みに隠した。その後、六年生に見つけられてしまった。

学習活動はワークシートの吹き出しに、①こっそりボールを隠している時の言葉、②六年生に見つけられてハッとした時の言葉、を記入してみんなで話し合いました。

・①だあれも見てないからかくしてもいいや。昼休けいにあそびたいもん、ぜったいだれにもわたさないぞ。②あっ、いけなかった。ボールはきちんときめられたばしょにかえしましょうといわれてるのに、やぶっちゃった。どうしよう。先生におこられる。

・①一つぐらいかくしても見つからないよ。昼休けいもこのボールであそぼう。②どうしよう。

とにかくあやまって、ゆるしてもらおう。早くあやまりにいこう。
・①よ〜〜し、これでずっとぼくだけであそべるよ。だれにもかしてあげないぞ。ひひひひ。②ぎえ〜〜〜〜。ヤバ、見つかった。どうしよう。もしばれたらヤバイ。早くにげよう。ないしょにしとこぉーっと。ヤバ、ヤバ。
「今日の勉強をしてどんなことを思いましたか」授業の終わりの記述。
・やくそくをやぶる子とはぜったいにあそびたくないと思いました。こんどから、かくしているところを見たら、ちゅういしよう。
・よく上ぐつをかくすことがあるから、そんなことはしないように気をつけよう。
・学校のきまりをまもらない人は、心のなかに一しゅんのことが、あやまらないかぎり、一しゅんがずっとのこるんだな。
・わたしは、つかいたくて、かくしたことが、二回か一回くらいしたことがあります。でも「ごめんなさい」は一回しか言わなかったけど、がんばります。
・学校のものをかくして一人のものと思っても、いつかは見つかってしまうのに、にげようって思ってしまう人は、心がよわい人でいるままだ。
二年生にもなれば、きまりは守らなくてはいけない、もしきまりを破ったら謝らなくてはいけない、ということは分かっています。先生に叱られるから謝るという他律的な面も強く働きます。自己中心性からはなかなか抜けられないものです。公共のきまりを守ることは社会生活をよりよいものにするために欠かせません。

公共の物を大切にし、きまりを守ろうとする意欲や態度を身につけるように指導します。公共物を大切に扱うというきまりを守ることは、自分の思いを押さえ、我慢することでもあります。しかし、この公共と自己とは対立する概念ではないのです。公共のきまりを守ることと、自己を伸ばすこととは、矛盾せず、かかわっているのです。

公共のために自分が我慢することは苦しい。しかし、自分のわがままを押し通す自己中心的な行為は人間として幼くみられます。だから自分をよりよい人間として自立させたいという思いがあるから、自分を抑えることができて、自己肯定感につながります。また、自分が属している集団に愛着をもっているから、この集団を維持していきたいと思えるのです。先生に謝らなくてはと思うのも、先生に叱られるからというのもありますが、自分がその先生を好きだから、先生に言われたことを守ろうとする。そして、好きな先生に自分のことをダメな子だと見られたくないから、ごめんなさいと謝ろうとするのかもしれません。素直に謝ると、自分の心がすっきりとします。約束を破ることに嫌悪感をもち、清々しく生きることを学ぶのです。

本時の指導のねらいは、道徳科のＣ（集団や社会との関わりに関すること）の内容項目「規則の尊重」です。授業は、内容項目を焦点化して行われるものです。しかし、資料の内容は四つの視点全体を含んでいます。例えば、「正直に謝ろう」はＡ（自分自身に関すること）、「友だちと仲よく遊ぶ」はＢ（人との関わり）、「心のなかに一瞬のことが残る」はＤ（崇高なものとの関わり）などにかかわっています。焦点化した指導と、全体との関連について理解しておくことが大事です。道徳科で道徳的価値を個別的に理解したことが、生活のなかで実践しつつ統合されていくのです。

道徳性は、よりよく生きようとする基盤となるものです。きまりを守ることは、観念的に当然視されがちです。しかし、きまりは守るためにあるのではなく、人間関係や社会生活を円滑にするためにあります。お互いがスムーズに生きるためのきまりです。だからきまりは、社会の変化に応じて変更され、よりよい社会生活が営まれるように、みんなで知恵を出し合って決めていくものです。クラスのきまりも同様だから、みんなが守ろうと意識していくのですね。子どもたちが「規則の尊重」という道徳的価値を理解し、自分をみつめ、深めていく指導の例をあげてみました。

落書き（三年）

よその家の塀に落書きがあったことを教えてくれました。「○○のアホ」とクラスの子の名前があったとのこと。みんなで話して、そのままではいろいろな人が見るので、○○君はいやだし、塀に書かれたお家の人もいやだろうね、と下校時にそこを通って帰る五人の子どもたちと消すことにしました。チョークで書かれていたので、バケツの水とタワシでなんとか消せました。一カ月位たったある日、二人の子が言ってきました。「うそついててごめんなさい。あれ、ぼくが書きました。」

――ふたりのことばを聞いて思ったこと

・えらいな。ぼくはそんなこと、なかなか言えそうにないのに、すごいな。ぼくもうそをついてしまった時は、はっきり言わなきゃいけないな。

・たぶん、ふたりが言うのはつらかっただろうな。ぼくだって、こんなことがあって言いづらいことがあった。

・すごくゆう気があるなあと思った。わたしはうそをついて、しょうじきにあやまったことは一回もない。ずっとだましているのに、すごいなあと思った。

・わたしはしょうじきだなと思いました。やっぱり、しょうじきに言うほうがいいなと思いました。わたしも悪いことをしたら言います。二人とも、いつ言おうかまよっていたんだろうな。

・みんなをだますのは、いけなかったけど、ちゃんとあやまったから、二人とも、えらいな、と思いました。ふたりとも心のなかが、す～っとしたと思います。

――そして、ふたりは　いま

○じぶんが、うそをついたから、いやだった。

◎ぼくはまえ、しょうじきに言っていない時は、心のなかの気持ちがわるかったけど、いま言って、少し気持ちがわるくなくなった。だけど、いまは、人と口をききたくなくなったかんじ。

半ば忘れかけていた落書きのことでした。よく言ってきたと誉めて、「次の時間に、みんなの前でちゃんと言える？」と聞くと、強く首を振って、イヤダと言います。「でも、みんな心配したんだよ。わざわざ消しに行ってくれたんだよ。」ふたりは顔を見合わせたり、下を向いたりしていたが、○君が「言う。」と言いました。「◎君は？」と尋ねると、こくんと頷きました。一カ月もの間、ふたりで様々に逡巡していたのだろうから、気持ちの整理はできていたのです。

子どもたちの言葉からは、自分自身の道徳性をそれぞれの視点で受けとめているのが伺えます。迷う・嘘をつかない・勇気などの「善悪の判断」や「正直」であったり、つらい・すーっとする・気持ちが悪いなどの「心情」であったり、私は・ぼくだったらと「自己を客観視する」などと、それぞれの自己と向き合っています。もちろんなかには「よその組だと思っていました」などの未熟な子もいるし、「いまは人と口をききたくなくなった」と、心理的にかなり深くなっている◎君もいます。子どもが発達段階に応じた、道徳的価値を意識するということが重要なことだと思います。そのためには、日常のちょっとした出来事を機会に、話し合う、思いを書く、さらに学級通信のような形でみんなの考えを共有し合う。そうすることによって、それぞれの理解もさらに広くなり深まりもするでしょう。

嘘をつくことはいけない。しかし、嘘をつくことができるようになるのは、社会性が備わってくるひとつでもあるのです。お母さんに甘えたくて、お腹が痛いと嘘をつく。お腹をなでてもらって安心感に包まれる。成長するにつれて、嘘は許されなくなり、正直に言うこと、嘘をついてはいけないと折にふれて言い聞かされて育っていく。折にふれて注意し教えていかなければならないくらい、子どもは小さな嘘をついたり、ごまかしたりしながら、生きる知恵をつけていくのです。

成長するにつれてその知恵も大きく強くなっていきます。しかし嘘をつくことが癖になってはいけません。小学校に入ると、親の監視の届かない時間や場所が広がります。そのなかで小さな嘘は気づかれずに、見逃されやすいです。低学年くらいまでの子は、嘘はバレないものだと思っています。またバレなかったら、これくらいはたいしたことはないんだと受けとめるようにもなるのです。常日頃から子どもの言動に注意をして、正直であるように教えていく必要があります。嘘を重大な嘘は、露見しやすく対処できますが、小さな嘘はあまり意に介さず過ぎていきます。嘘をついてはいけないのはよくよく分かっているので、嘘をついたりごまかしたりした時は、心のなかでは、まずいなあと思っています。そうやって自分で自分を叱り、立ち直っていこうとしながら育っていくのです。絶対に嘘をつかないは、とても難しいです。大事なのは、嘘をついた自分を自覚し内省していくことだと思います。

年金生活をする身になっても、時にふと思い浮かんでくる祖母の言葉があります。「天知る地知る　我知る、ゆうての、我がすることは、天も地もみなみておる。何よりも我が心が一番よお知っておる。」大人になっても何かにつけて思い出され、そっと自分自身を省みます。そういうものが、自分という人格の基礎の一つとなっているのでしょう。

ブランコ乗りとピエロ（五年道徳）

内容項目：相互理解、寛容―自分の考えや意見を相手に伝えるとともに、謙虚な心をもち、広い心で自分と異なる意見や立場を尊重すること

資料の概要：サーカスに王様が見物に来られた時、ブランコ乗りのサムは熱の入った演技をし、約束の時間をオーバーした。そのせいでピエロの見せ場はなくなってしまった。後で団員たちはサムを責めたが、ピエロはサムを憎む気持ちが消えていった。

授業は、ワークシートの設問に記入をして、話し合いを展開していきました。以下、子どもたちの記述。

設問一：「ひかえ室に集まった団員たちの顔にえがおはなかった」彼らはサムに対してどんなことを言っただろう。

・サムなんかやめさせてしまえ！
・自分だけかっこよくひろうして、ピエロはどうでもよかったのか！
・サムは自分の出番の前に約束したのに、自己中心的なやつだ。
・おい、サム、お前ばっかり目立って、ずるいぞ。おれたちは大王に見てもらえなかったんだぞ。分かってんのか。
・いつもスター、スターって調子に乗るな。いい気になるな。

この団員たちのサムを責める言葉を、班で発表し合いました。

設問二．サムを憎む気持ちが、ピエロから消えたのは、どういうことからでしょう。

――ピエロが、演技を終えたサムの疲れた姿を見て感じたことを基にして、みんなで話し合いました。

設問三．今日の学習で、思ったこと、考えたこと

・その人のいい所を見ずに、悪い所ばかりを見ていると、チームワークも何もかもできない。いやな事があって、きらいと思っても、その人のいい所を思い出すと「まあ、いっか」と許せるようになる。

・この話はサッカーの練習の時と似ている。自分も目立ちたいっていうのがあった。だからこういう経験はある。

・僕も似たような時があった。その時は僕がサムだった。その時相手に注意された。いまは悪かったなと思う。

・けんかをしたらどっちも悪いところがある。ぼくは最初聞いた時、サムは自己中心的なやつだ、人のことは考えないと思いました。しかし、サムはサーカス団のため、大王のために頑張ったのです。分かったピエロはえらいと思いました。サムとピエロは大親友と思いました。

日頃のサムの態度からも腹を立てていたピエロ。団員たちのサムに対する怒りの言葉はピエロ自身のうっ憤でもあります。その腹立ちの言葉を想像して吐き出すことによって、場面が鮮明になりました。自分自身の経験を振り返り、自分の状況と資料とを重ねながら、サムに対する見方

が変っていったようでした。

道徳の時間は、道徳的価値を理解し、自己を振り返り、他者とのかかわり方を考える時間です。そのために自分のなかにもっている感情や思いを言葉にして友だちと交わし合っていきます。

高学年になってくると、様々な経験を積んできて、自分と友だちとの優劣も分かります。羨ましく思ったり、妬んだりの感情も自分の心のなかでそれなりに処理もしてきています。しかし、理性で分かってはいても、吹き上がる感情は制御しがたいものです。そういう自分の弱さ、不寛容さなどに気づくためにも、感情を正直に吐き出すのは必要なことです。そして、この感情を言葉や文字にすることによって、自分の感情を客観的に理性でみることができる。子どもどうしの間でトラブルが生じた時に、「相手の気持ちなってごらん。自分にされていやなことは人にもしてはいけないでしょう」などと注意します。しかしこれは感情的なことをいっているだけで、「そんなことは、自分は何ともないもん」となってしまうかもしれません。そうでなく、相手の立場を考えると理性的になります。先の実践の、サムの疲れ切った様子の具体的な状況から、その奥にあるものを読み取ろうと理性を働かせて、サムを思いやり、自己に謙虚になってもいけるでしょう。

そして、自分の考えを相手に伝えるためには、分かってもらえるように話さなくてはならない。ここにも感情が必要です。心底、自分が相手に対して感じ入っていて、はじめて伝わるものでしょう。理性と感情とは表裏一体となって働いているものなのです。ただし、視点を転じる、多角的にみる、自分の考えを相手に率直に伝えるなどは、理解はできても態度化は難しいもの。だからソーシャルスキルトレーニングを通して具体的な手法を学びます。例えば、自分が見た友だちの長所をお互いに伝え合う、相手のことを受け入れて自分の考えをいう、などのスキルトレーニングを月に一回行うなどをすると、子どもたちの表情が和やかになりクラスの雰囲気も支持的なものになっていくでしょう。分かり合っている者どうしでも、お互いに理解し合うのは難しいものです。いわんや考えの異なるものどうしではなおさらです。それでも、相互理解、寛容という道徳的価値は、生涯にわたって築き上げていかなくてはならない人間関係の基本でもあるのです。

チャイムのあとで・4

退職が近くなった頃、二年生に道徳の授業をした時のこと。

中盤の、みんなで話し合いに入った頃から、しきりに手悪さをしている、後ろの席の女の子が目に入りました。話し合いに参加せず、誰かの発言に、笑い声が上がっても、ずっと下を向いたまま、何かをしています。気にはなったのですが、何かわけがあるのだろうなと思って、そのままにしておきました。

授業が終わって、日直のかけ声で挨拶を交わしたところに、後ろの席から駆けてきて、「これ！」と小さな紙包みを差し出した女の子。あの手悪さをしていた子でした。「あら！　なあに？」と受け取り、色紙を折ったものを開くと手紙がありました。『校長先生、どうとくありがとう。学校やめるんだね。さみしいです。○○より。』折り紙で作られた、カエル、花、ヤッコなども入っていました。

頭ごなしに注意しなくてよかった、と後でつくづく思いました。二年生の子どもたちへの最後の道徳。この○○さんもちゃんと授業に参加していたのです。こころをこめて。

3　健康と体の学習

体の学習

体の発育・発達にかかわる保健の学習は、四年生で行います。この実践は以前の学習指導要領に基づく五年生のものです。学習する内容の根本のところは大きく変わっていないので取り上げました。三時間扱いで、第一時―体の外見上の成長、第二時―体の内部の成長、第三時―体と心の成長、という内容で行いました。

○第一時の学習の感想

・体の外見上の発達にともなって、体の内部でも成長を始めている。男の子と女の子の違いが現れてくる。この成長の時期に大切なことは、十分な栄養とすい眠と運動だ。

・ぼくは人の体のつくりはとてもすごいと思いました。大人になると、きかんが、もっとすごくなるということも分かりました。やっぱり、人間てすごいなあ。

・体の学習は、いやらしいとか思っている人は、いっぱいいると思うけど、体の変化は誰にでもあることだから、別にいやらしいことじゃないと思います。

・人間はこうしくみが多いのに、人間というものを造った人はずいぶんえらい人だと分かりました。人間はおくが深いなあと思いました。
○第二時の学習の感想
・子どもを産むのは、どの動物も、同じようなことをすること。バギナから精子が入って、子宮で赤ちゃんが育つ。人の体って不思議だなー。これからも大きくなっていく。だからもっと体のことを知って、自分を大切にしていきたい。
・体のしくみがよく分かった。精通といって、精子がたまに出るといっていました。ねしょうべんみたいではずかしい。でも知らないといけない。ぼくは、あまり知りたくありません。血とか聞くとはき気がします。
・私たち女の子は興味をもつけど、男の子たちはエッチだとか言います。男の子たちもよく知っておかないと困っちゃうよ。大人になるにつれ、わき毛がはえたり、あそこの毛がはえたりするけど、なんといっても、一番大切なのは、赤ちゃんの産まれることです。
・卵子と精子がまじりあって子どもができることが分かった。動物も同じようにして、ペニスから精子が出て卵子とであわないと子どもができないから、人間と同じようなものだと思った。
・女の方が成長が早いのは赤ちゃんを産む準備と分かった。精子は二万個以上と聞いてびっくりした。ぼくは声がわりしたくないと思った。
第一時では、一年生から今までの身長と体重をグラフに表して、成長の変化を実感できるようにしました。第二時は、ビデオ視聴と養護教諭の解説が中心で、第三時は道徳と関連させて行いました。学習の時期が四年生と五年生とでは、受けとめ方や理解は異なるでしょう。今日では子どもの発育が早いので、早期に教える必要があります。体の学習は、子どもたちにとって印象の強いものです。自分自身のこととして関心をもって分かろうとしていくのです。

理科や保健の学習で、男女の体の違いや、命の誕生のしくみなどを科学的な知識として学習する。動物と植物とは生命の誕生のしくみは異なるが、命が誕生して、さらに次の命の誕生へとつながっていく。そうやって生きものは世代を継承していくことを、知識として分かっても、なお体のつくりや生命の誕生の不思議さに感動するのです。

植物も動物も生きものは、子どもを産んで、世代を継承させていきます。そのための、雌雄の違いや役割があるのです。しかし、自然界には、雌雄の区別のないものや、単独で生命をつくって子孫を増やす種もあります。また植物の種子が、風に運ばれて新しい地面で発芽し、異なった環境に適応していきます。動物の雌雄が自由に交配をすることで、異なる遺伝子をもつ多様な次世代が生まれます。そういうことは生き残って世代を継承していくための自然の営みです。自分の狭い知識のなかだけで解釈すると、知っていること以外は異端として退けてしまうかもしれません。自然界の多様性からは、人間社会の性的マイノリティ、民族の違い、社会的弱者といった少数者を理解する、受けとめていく姿勢について教えられるようです。

養護の先生から聞いた話。

「先生！　先生！」と、六年生の子が登校するなり保健室に飛び込んできました。「オレ、チンゲが生えた！　二本も！」カーテンの陰に先生を引っ張っていき、見せてくれました。——まあ、よかったたねえ。大事な所なんだから、汚れた手でペニスを触ったりしてはだめよ。「うん。」

小柄でやんちゃで、友だちとのトラブルもしばしばの子。お母さんのような温かみのあるO先生だからこそ、共感してもらいたかったのでしょう。自分の体が大人になっていくことの知識をもっているから、自分の成長を誇らしく思い、これからも自尊感情が育まれていくでしょう。

いのち

六年生で命の学習をするにあたって、事前にアンケート調査を行いました。

——あなたは、人や動物・植物の、死、殺す、命などについてどのように考えていますか。

・口では言っても、実際に人の死を見るのはおそろしいものです。「殺す」と口で言うのと、見るのでは相当違います。だから、やたらに「殺す」などの言葉は使わないよう努力する。

・命は尊い事であり、殺す事は尊いものをかき乱す事だ。人の死は、いつかつきる命を使いはたしたのだから、しかたない。

・飼っていた金魚が死んだ時、とても悲しかった。だからどの動物や植物でも悲しむと思うし、害虫でもスカッとはしない。

・動物が死んだり、殺されたりするのは、かわいそうだけど、殺さなければ、人間の食料がなくなったりするので、人間と動物の関係が不思議です。

身近な人や動物の死に出会ったことがあるというのは、クラスの半数いました。また、死、殺すなどの言葉を目や耳にした時の気持ちは（複数回答）、「こわい一五名、いやだ一五名、悲しい一四名、なんともない二名、その他六名（場合による、とんでもない、ざんこく）」というものでした。

人間も動植物もみな同じように尊い命をもち、死もあると子どもは知識としては理解しています。しかし、現実に死を考えると「こわい、おそろしい、悲しい」などと感情で受けとめています。それだけでは、命や死を嫌悪し、考えることを停止させてしまうのです。感情だけではなく、理性で、客観的にとらえて科学的な思考ができるように導くことも必要です。

命とは、生と死のことでもあります。生と死とはひとりの人間のなかでひとつにつながっているものです。生まれたら死は必ずあるもの、老いて病気にもなるものです。だから、どのように生きていくか、病気になったらどのように立ち向かうか、などの生き方の問題になるのだと思います。そういう知識の深まりを促したいと思います。

家族や身近な人の死、飼っていたペットの死、社会的な事件での死、など出会いはそれぞれにあります。「死ぬのはしかたない」と自明視している子もいます。固有の体験を基に置きながら、現実の場面から少し視点を変えて眺めてみます。

六年生で歴史の学習に入る時、時間の流れを意識づけるために、教室の天井周囲にぐるっとテープを張りました。宇宙に地球が誕生してからの四六億年です。今から学習しようとしている約一万年前の縄文時代から紀元後二千年余りの歴史は、そのテープの端っこにも乗らない時間でしかないことに子どもたちは非常に驚きました。ほんの小さな点にも見えない先端の所に、いま自分たちが生きている。自分は突然生まれて来たのではない。両親、祖父母、そのまた親と辿っていくと、ずっと元の所の地球上の生命体の誕生から宇宙の誕生にいきつく。生命科学*の研究でDNAから解明される生命体は、みな同じところに辿り着くそうです。でもまだまだ分からないことの方が多いとのこと。生命体はみな自然のなかの生きものです。そのように知識として理解しても、やはり、命というものの不思議さに包まれてしまいます。なんだか、単純に命はかけがえのないものです、といってしまえないような深いものを感じさせられるようです。

不思議だなあと思うのは、私たちが心の底から笑ったり、悲しんだりの喜怒哀楽の感情があるからです。その感情、感性があって、事象を観察した時、おもしろそう、どこがどうなっているのだろう、なぜ？　などと好奇心が湧いて、科学的な思考も進みます。感情と理性とは、相互に作用しながら広がり、深められていくのだと思います。感性を豊かに育むことが知識理解には必要なことです。

理科「生物と環境」の学習で。食物連鎖の図を各自しばらく眺めた後、図について説明してもらいました。三人目の子が説明し終わった時、突然「すっげえ！　つながってるう～！」とK君が叫びました。多くの子どもたちの顔がパッと明るくなり笑顔になりました。思わず出てきた「つながってるう〜！」の言葉で、子どもたちは腑に落ちたのです。直感的なとらえ方が、論理的な言葉に響いて、共通理解が得られた出来事でした。

＊　中村桂子『生命誌とは何か』講談社学術文庫　2014

体育の学習

体育の学習をめぐって、五年生の日記からです。

・『走る練習』　あーあ、足速くならないかなあ。速くなるこつをTさんに聞きました。そしたら、手をよくふって足を上げると速くなるよと言いました。私はそれを聞いて、家に帰ってさっそくやってみました。手をよくふって足を上げて、なんとなく速くなったような気がしました。

・『いやだな』　明日の体育の授業はいやです。走りはばとびはまだいいんだけど、ハードルがすごくいやです。明日は、ハードルがありませんように。

・『みんなのサッカー』　明日はサッカーがあります。あまりサッカーは好きじゃないけどなんだか楽しいです。なぜかというと、男子たちが中心になってやってくれるからです。S君は足も速いし運動神経もばつぐんだし、サッカーも当然うまい。ほかの二人の男子も一緒ぐらいにサッカーがうまいです。私たちのグループのいい所は、みんなが一生懸命になり、教え合って協力する所がいい所、好きな所です。楽しいサッカーにしたいです。

体育は子どもたちの断然好きな教科です。体を動かす爽快感、競技をする楽しさ、などいろいろあるでしょう。活動して学習するといっても、スイミングスクールやサッカークラブなどでの学びと違って技能の上達が主目標ではありません。様々な運動を通して、基礎的な技能の習得とともに、協力したり、公正な態度を身につけることなどを学んでいくのが学校の体育の学習です。「協力し合いなさい」と強調しなくても、高学年になると子どもたちは自然に体得していくようにもなるのです。体育科の内容は、運動のほかに、保健に関する体の発育・発達、けがの予防などもありますが、ここでは運動について考えてみます。

子どもたちは球技を学ぶと「試合がしたい」と言います。そこで、試合をしつつ必要なルールや基本的な技能を教えて、反復トレーニングの大事さを習得させるようにします。運動も基本的な知識が必要です。事前のウオーミングアップや事後のストレッチなどで、体を整える意味が分かると、自主トレに励みフォームを研究したり、教え合ったりして次の段階へといくことができます。

思いきり運動して、技能も上達すると達成感を味わえるようになります。その達成感には、友だちのがんばりに対して、敬意や思いやり、ともに競技する仲間意識など、諸々が含まれています。障害のあるなしにかかわらず、それぞれが精いっぱい努力してそれぞれの達成感を味わうことができるのです。それが生活に活力や楽しみをもたらしてくれるでしょう。フェアプレーに感動するのも、競技に対する知識が基にあってのこと。自らが競技能力を体得していればなおさらでしょう。人は生涯にわたって、楽しく明るい生活を営んでいくために、心身ともに健康であること、これこそ「基礎基本」ですね。

運動会で五年生は組体操をしました。肩車、倒立、サボテン、扇など様々な演技をペアで、五、六人で組んでと披露して観客席からたくさんの拍手が湧き起こりました。Y君の日記。――組体操が始まった。肩車が終わった。逆立ちは次だ。一度目、できなかった。二度目、目をつぶって思いっきりジャンプ。目を開けると、景色が反対に見えた。「わーい。やったー。ばんざーい」思わず声を出しそうになった。N君も三度目にできた。運動会は負けたけど、うれしかった。だって逆立ちができたんだもんな。

運動会前日の放課後、二人は教室で必死に練習していました。何度も、どで~んとひっくり返って、汗びっしょりでした。成功した喜び、がんばればきっとできるという自信がついたようです。

校長先生との会食

六年生の、H校長先生との会食は、家庭科の学習の仕上げでもあり、卒業を前にした記念の会食でもあります。それなりに緊張して校長室に行った子どももたちでした。

・みんなは今まで、あまり緊張しなかったとか言ってたけど、めちゃくちゃ緊張しました。校長室に行くまでは、ギャグを飛ばしてもりあげようと思っていたけど、いきなり僕の目の前に校長先生がお座りになりました。まともに目も合わせられませんでした。校長先生は僕達にいろいろ質問されるので、正直に答えました。しばらくすると、シーンとなって、間があいたので、やばいと思っていると、Tさんが「校長先生は何歳ですか」と、なんともぶれいな質問をしました。「バカヤロウ、そんなこと聞くな」と心のなかでいかりました。校長先生の顔が一瞬、ぴくっと動いたような気がしました。「それはみんなの想像に任せます」と言われました。僕はひやひやしながらふうっと思いました。

・ぼくは校長先生に質問しました。先生の夢は、飛行機に乗って戦争に出ることを知りました。夢はかなわなかったけど、校長先生になったからよかったと思いました。昔は、みんな戦争に行くのが夢だったけど、なぜ、死ぬかもしれないのに行きたいのかと思った。今は戦争がないから平和だと思った。ぼくは校長先生がとても勇気があるんだと思いました。

いつもの給食ではありますが、教室とは違って校長室で、となると「会食」という雰囲気に包まれます。校長先生とともに食事をしながら会話をして、会食を楽しむという体験ができたようです。言葉遣いも知らず知らずに丁寧語になっていました。

学校給食は、子どもたちに、望ましい食習慣を身につけて健康な生活を送ることができるようにと、我が国では明治二二年から始められました。国造りの要請による子どもを育てるという視点です。今日の子どもたちの給食は、とても豊かな食育が行われています。平成二八年一月の家庭配付献立表をみると、行事食の日「正月」、地場産物の日「みかん・水菜・太もやし・ねぎ」、郷土食「広島県」、ほかにも食育の日としての「わ食」など実に多彩に献立が計画されています。給食を通して、子どもたちは多様な食文化を体験しています。

給食献立には、外国のエスニックメニューもあります。その際には、宗教による食の違いや、ハラルなども学びやすいです。今日ではハラルは食以外に化粧品、洗剤などにも対応して広がっています。多様な文化や他者を受けとめていこうとする姿勢があるからです。

伝統行事の食事からは、ずっと昔からの人々の生きる知恵が感じられます。まず神仏にお供えして、お下がりをみんなで食す。それは人間の力の及ばない自然のおかげで実りがもたらされ、口にすることができることを感謝して「いただく」。食は生きるための基礎であり生活を楽しむことにつながるのです。

子どもたちは、低学年の時に学校探検をして、給食室で大きな鍋やしゃもじなどに触らせてもらったりしています。給食放送で調理場の仕事の様子をビデオ視聴した六年生の子どもたちは改めて感じ入ったようです。「残したらもったいない。あんなに多い材料や用具で調理するなんて、重労働だ。」「ぼくはなにげなく食べている。今度から気をつけて『いただきます』と言います。」生きものの命を食して自分の命がある、たくさんの人の手によって食べ物が自分の所に届いているなど、知識を得ることは感動をもたらし、自覚的になっていくものです。

4　平和学習

平和学習

　夏になると、学校の玄関のロビーには、クラスのみんなで折った千羽鶴とともに平和へのメッセージの短冊が飾られます。メッセージにはみんなで話し合ったことが込められています。

一年―あかるく　なかよく　なんでも　がんばるクラス
二年―人にやさしくする
三年―ひとりひとりがやさしいこころを　もつようにする
四年―けんかの原いんを作らないようにして　仲よくして　あらそいのない世界に
五年―みんなで協力し合い　自分に何ができるか考えよう
六年―二度とこんなことが起こらないように、いろいろな人に伝えていきます
特別支援学級―みんながんばって　みんなが元気になる

　広島の小学校の子どもたちは、平和について考える学習をしています。学年に応じて、原爆に関する絵本、物語、詩などを読んだり、アニメなどの映像を見たりするのです。なかでも被爆体験をした方の話を直接聞くと、現実感を伴って迫ってくるものがあります。

平和について、子どもたちに話をしてほしいという依頼が来るようになりました。被爆当時一歳半の赤ん坊だった私には、祖母や近所の人などからの聞き覚えでしかないので、直接体験として話すことはできません。それでこれまでは断ってきたのですが、そうはいえなくなってきました。被爆七〇年を過ぎ、直接体験として語ることができる人たちは限られてきたのです。

平和学習として、子どもたちに伝えたいことを二点に絞ります。

一つは、被爆の事実を知って、自分で伝えることができるようになってほしい。被爆の状況については、写真や自作の絵などを資料として、原爆の破壊力の様子を自分の見聞も交えて話します。

もう一つは、平和について様々に考えることです。

どうしてこんなことが起きたのだろうね――。それは日本が戦争をしていたからです。日本は石油などの資源を得るために、アジアの地域を支配しようと軍隊を進めて、アメリカやイギリスなどと対立しました。日本の国民は、この戦争は正しいと信じ、大部分の人が戦争に協力したのです。今なら、そんな戦争は間違っていると誰もが言うでしょう。しかし、何も言えない、そういう時代だったのです。

現在も世界には国と国との争い事が絶えません。でも戦争が好きだという国や人はどこにもいないのです。みんな平和を願っている。平和を求めているから戦争をするのです。戦争には勝たねばならない。負けると相手国のいう通りに従わなくてはならなくなる。だから勝つためには力が必要。その力を示す一つが核兵器。いま世界中の国の人たちが集まって、核兵器を減らそう、核兵器を持つことを止めよう、と話し合い知恵を出し合っています。日本の代表は、万一原子爆弾を使うとこんなことになってしまうよ、と広島・長崎の事実を繰り返し伝えています。

平和ってどういうことなんだろう――。各国にはそれぞれの歴史があり、気候も、生活様式やものの考え方感じ方などの文化も違っています。そういう違いからくる考えを、お互いに認め合い、交流し合うから、人と人とがつながり楽しいものになってくる。違っているということは大きな意味をもっているのです。でも、違いを認め合うというのはそう簡単ではないようです。自分たちの身近な所にもあります。考えを分かってもらえないと、感情を害したり、いざこざが起こったりしてしまう。違いを分かり合う、認め合う、そのやり方をいろいろ考えていかなくてはいけないね。人と仲よくするには、理解する、妥協するなどの努力が必要なんだね。

広島に生活している子どもだからこそ、被爆の事実を知り、ほかの人たちに伝えていく責任があると思います。「広島に住んでいます。」と言うと他府県や外国の人から「それで、原爆のことは?」と問われることが多くあります。知らないなどとは無責任な言葉。自分の言葉で、自分の知っていることを答えてほしい。それが次の人に伝わっていくのです。

知ることは、かかわりのある当事者のひとりという意識をもつことです。広島に生活しているのは、被爆についての物や資料、人などの環境があるということにほかなりません。知ろうとしなかったらそれらは目に入っても来ないでしょう。破壊された校舎の写真を見て、あそこに自分と同じ小学生が通っていたんだなあと心を寄せる。そういう情感とともに、事実を知的に理解して、戦争・平和について多様な視点で考えることができるようになってほしいのです。

もちろん、平和学習は、広島・長崎だけのものではない。全国各地で多様に行われています。各地の歴史博物館や民俗資料館などでも戦争時代の人々の生活の様子を知ることができます。それぞれの地域だからこその戦争・平和について学ぶことのできる環境は様々にあるのです。自分の平和観をつくっていく、そのベースになる一つが、事実を知ることだと思います。


専業主婦の教え子が、幼稚園で読み聞かせのボランティアをしています。夏には原爆に関する絵本を取り上げます。難しいかなあと思っても園児たちは熱心に聞き入ってくれる。中学から他県に行ったので、自分の平和学習は小学校の時だけのもの。それが今のボランティアの原点となっていると思う、と話していました。

「平和」は難しいテーマです。単純に言い表すことはできません。様々な視点、立場、考え方があります。明快な答えが提示できるものではないでしょう。ひとりひとりが自分の平和観をつくるといっても、私自身もどのようにしたら伝わるのかと、いつも四苦八苦しているひとりです。

ヒバク証言

二〇一二年に、非政府組織（NGO）ピースボートのヒバク証言の旅に参加しました。広島・

長崎の被爆者一〇名が外国の人に被爆の体験を語り、聴衆からは様々な反応が寄せられました。その折の、主として子どもたちの質問や私が答えたいくつかを記してみます。

〇ギリシャ・アテネの小学生
・体に虫がわくってなんですか？
・きのこ雲を見た時、どんな気持ちがしましたか？
・町が焼跡になってしまって、水や食べ物はどうしたのですか？
・原爆の話をアニメーションで見ました。原爆を落としたパイロットの気持ちをどう思いますか？
――私はパイロットの気持ちを考えたことはありませんでした。本で知ったことを話します。エノラ・ゲイの飛行機で原爆を落とした人の言葉にこういうのがあります。「やった！　大成功だ！」と叫んだ人。「わき上がるきのこ雲を目にした時、あの雲の下で今どういうことが起こっているのか、想像したくなかった。何も考えないようにした」と言った人。

〇イタリア・ローマの中学生
・爆発の瞬間は、どんな気持ちでしたか？
・人間の跡が石段に残った事をどう思いますか？
・黒い雨の跡が壁に残ったという話がショックでした。体に影響はなかったのですか？
――祖母と孫の私たちは何もなかったですが、母は七年後に病気で亡くなりました。原爆の影響かどうかはその時は分かりませんでした。
◯西アフリカ・セネガルの中学生
・社会のなかで差別を受けたことがありますか？
――就職や結婚の時に、被爆者はすぐに病気になってしまうからと差別された話は沢山ありました。私の友人の話です。手に火傷の跡が残っていたので、幼稚園でも小学校でも誰も手をつないでくれなかった。とうとう四年生頃から学校に行かなくなったという女の子。火傷をしたので頭の半分しか髪の毛が生えていなかった。小学校の頃、ハゲとあだ名をつけられていた。いつも笑って平気そうにしていたけれど、悲しかったという男の子。
・アメリカのことをどう思いますか？（この質問はたいていの所で言われた。「あなたはアメリカを憎んでいますか？」と）
――私は原爆で両親が亡くなり、祖母に育てられました。原爆がなかったらよかったのにと思ったこともありました。祖母は小学生の私に言いました。「人を怨んではいけない。いくら怨んでも、死んだ人間は生きて返ってはこない。それよりも一所懸命勉強をしなさい。」

◯シンガポールの高校生
・原爆によるトラウマはありますか？
・原爆で破壊されてしまったのに、どうして日本は経済的に豊かに発展することができたのですか？

――生き残った広島・長崎の人たちはもちろん、日本中の人たちが一所懸命に働きました。子どもたちもいっぱい働きました。畑を作り、物を売るなどの手伝いをしました。

○スペイン・バルセロナの高校生

・福島の原子力発電所で爆発が起こりました。そのことをどう思いますか？（この質問も各地で大学生や大人から必ず発せられた）

――私は大きなショックを受けました。福島の人たちもヒバクシャと呼ばれるようになるのだろうかと。原子力発電は安価で安全にエネルギーを生み出すことができるものだと信じていた。事故が起こるなど思いもよらなかった。小学校で子どもたちにもそのように教えてきたのです。子どもたちにプラス面だけの間違った教え方をしてしまったことを、大変苦しく思っています。

○サウジアラビア・ジェッダの大学生

・サウジアラビアは近隣諸国と対話を大事にしようと進めてきている。あなた方はアメリカを憎んでいないと言う。経済大国にもなった。それはどうしてなのか？

――小学校教育が大事だと考える。私は、戦後復興の時代に小学校教育を受けた。その時のポイントを二つ覚えている。一．平和をテーマにして、絵、詩、物語などを書く学習があった。平和のイメージを様々に膨らませた。二．日常生活のこと。友だちと喧嘩をしたり仲たがいをした時、お互いによく話し合って解決しようと教えられた。

現地の人たちは事前にいろいろと勉強しておられたようで、熱心に聞き入り質問されました。ヒバク証言者の半数は八〇歳代です。かつての自分の身に起こったことを再現される、直接の体験談の訴える力の大きさを改めて思いました。

今日の時代は、世界各地の国々、人々との交流が盛んに行われています。その内容は、仕事、勉強、観光など様々にあります。そのような交流が盛んになったのは、戦争をしていない国、平和であるということが根底にあるのです。しかも、政治、経済、文化、環境、諸々の問題は、一国のみの問題ではなく、世界の国々とのかかわりで考えねばならないのです。しかし、今日の時代といいましたが、歴史を見れば、日本と外国とのかかわりは、稲作、漢字、仏教、医学などその時代ごとに外国との交流によってもたらされています。鎖国したといえども、オランダ、中国、朝鮮などとの交流の窓口は設けていました。戦後の日本は外国からたくさんの援助を受けながら発展してきました。そのお返しの意味でも今日の国際社会の安定や平和のために貢献していく必要があると思うのです。

歴史というのは、人間の進歩発展のあゆみです。人間は絶え間なく、よりよくと工夫し努力をしながら生活をしてきています。科学技術の進歩は大きく世の中を動かしていきました。人々の生活を快適に、宇宙の探索へと希望や夢もどんどん膨らんできました。そのプラス面とともに、マイナスの面をみていく必要があります。マイナス面の最たるものが、戦争、核の開発でしょう。

ヒバクを直視するというのは、事実を知り、どうして原爆が広島に落とされたのか、なぜ戦争をしたのだろうか、と考えを深めていくことです。そして、生活文化や考え方の異なる国の人たちと、どのようにして仲よく交流することができるだろうかと、これからのことを考えていくのです。人と意見を交わすと、よい悪いという価値観をこえた、自分自身の歴史に対する見方や考え方をつくっていくことになるのだと思います。

クラスで話し合うのはもちろんだし、外国の人とも共通の言葉で話せたらどんなにいいだろう。そう思うと英語の勉強も身に入るでしょう。ヒバク証言を聞いた人たちも、ヒバクシャに寄り添い、共感的に分かろうとする姿勢でした。

高二のE君。引っ込み思案で気が進まなかった、ニュージーランドでのホームステイを三週間過ごして帰国しました。「先生、行ってよかった。言葉は問題じゃない、なんとかなった。今までは平和公園でも外国人を敬遠していたけれど、今は違う。外国の人が困っていたら何かしてあげたい、話しかけようとそばに行くようになった。」

いい笑顔でたくさん話してくれました。その国で直接人とかかわると、はかりしれないものがもたらされるものだとつくづく思います。そういうことが可能な今の時代でもあるのです。幸せなことだと思います。

伝える

平和学習で私が話した時の、小学生の感想をいくつか提示してみましょう。

二年

・今日お話を聞いて、せんそうはしてはいけないことをしりました。わけは、せんそうをしたら、町がもえたり、たくさんの人がしんでしまうからです。だからせんそうをいいと思っている人たちに、せんそうはしちゃいけないよとつたえたいです。

四年

・私は、なぜ日本はアメリカと戦そうをしたんだろうと思いました。戦そうをせず、仲よくしていたらこんな苦しむことはなかったのにと思いました。なので、もう友だちとケンカをするのをやめようと思います。

六年

・一番心に残った言葉は「わすれないため」です。たしかに、私たちは生活をするなかで戦争のおそろしさと今の平和のすばらしさをわすれがちです。ちょっと時間がたつと、戦争はどこかほかの国の出来事だと。私は、このお話を聞くことができてよかったと思います。自分が戦争を知らないからといって「わすれる」のではなく、「わすれない」ようにする大切な出来事だということを教えてもらうことができたからです。

どんなに大きな被害を受けても、人は忘れていくものです。忘れなくては生きていけないということもあります。辛い出来事を過去に押しやり、前を向いて進まなくはいけない。忘れるのは決して悪いことではない。しかし、みんな忘れ去ってしまったら、なかったことになってしまいかねない。忘れてはいけないことは、負の遺産です。後に生きる人たちに、学び取ったものを教訓として伝えていかなかったら、ただ、ひどい目に遭ったねという感情だけで終わってしまいます。

自然災害も同じです。日本人はずっと自然と対峙しながら、自然とともに、自然のなかに暮らしてきているのです。しかし「ここから下に家を建てるな」との昭和初期の碑があっても、じきに開発は進み、より強固な構えが整えられていく。かつての被害の状況は見えにくくなり、世代が変わると忘れられていきます。だから、忘れないための努力が必要なのです。

ここで、福島の原子力発電所の事故についてふれておきましょう。子どもたちに話したことです。

福島の原子力発電所の爆発事故を広島の原爆と同列に語られることがあります。しかし両者の本質は別のものです。原爆はあくまで戦争時下とはいえ、核兵器の意図的な投下であり、人道に反するものです。一方原子力発電所の爆発事故は、人間の意図せざるものです。事の結果ではなく、それが人間の意思だったのかどうかという点で、両者は別のものなのです。そのうえで事態発生の結果による放射線被害は、被爆と被曝の違いはあっても深刻さは同じです。

戦後は、電気エネルギーを得るために、核を安全で安価なものとして平和利用してきました。

この安全神話を日本国中で信じ、経済発展を享受してきました。人間は、そのようにして知的探求を続けて未知を解明してきたし、これからもそのようにし続けていくでしょう。知的好奇心を充足させていくことは人間の性です。だからいったん核というものを手中にして、いまさらなかったことにはできません。いまや核技術は、医学をはじめ生活用品や宇宙開発など様々な分野で開発利用されています。また、原子力発電所の事故をおさめるために今後数十年にわたって研究し続けていかねばならないのです。このことは、政府、電力会社、物理学者などといった一部の人たちの問題ではありません。私たちひとりひとりが、どのような生活を選択していくかということとかかわっているのです。怖いのでやめましょうという単純な問題ではないのです。原子力発電は、廃棄物の最終処理の解決策がもてないままで、現在の人間の英知でもって対処できない事柄を様々に含んでいます。それでも原子力発電所を稼働させていく、外国に原子力発電を輸出する、など重大なことを走りつつ考えていかねばならない状況の今日です。あれこれ不完全なままに生きていくのも人間です。しんどいけれど、人間は進歩を止めることはできないのです。

今夏も保育園で、アオギリをモチーフにお話をしました。年長組さんは、昨年からヒバクアオギリ二世の苗を育てています。夏の始めのこと、二歳児たちが、先生たちの草むしりを手伝っているつもりで、なんとこのアオギリの葉を全部むしりとってしまった。幸いにも間もなく新しい芽を吹いて、先生方は胸をなでおろした。その折の年長さんの言葉。

「まだ小さいんじゃけえ、しかたないよ。」「アオギリ強いけ、大丈夫よ！」誰ひとり責める言葉はなかったそうです。年少者を思いやり、一緒に大きくなろうねとアオギリに水をやる。幼児たちの確かな伝承の姿をしみじみ思わされました。

被害加害を超えて

平和学習について、いままでは、子どもたちがどのように受けとめているか、どう教えていけばよいか、という視点でみてきました。ここでは、平和学習について、被害者という視点を広げて考えてみたいです。当事者の話から進めていきましょう。

被爆した人は、誰もがその体験を語るのではありません。思い出したくもないこと、何も話したくない、楽しい話でもなし。何人にもそう言われました。祖母から話を聞いたのも、私が教師になってからでした。

——祖母は、私の父と母の妹を探しに行きました。二人とも教師でした。学校のあった場所や、川土手などのあちこちで黒焦げの死体をひき起こしては確かめたが、見つけ出すことはできなかった。「どこでどうやって死んだのやら。」溜め息とともにつぶやいていました。見つけ出してやれなかったことをずっと悔やんでいました。

——Sさんは父の教え子。中学二年の時、建物疎開作業中に被爆。一緒に逃げた友だちが橋のたもとで、疲れたから休んでいくと座り込んだので、じゃあ後で来いよと別れた。ずっと後になって、その友人が行方不明のままだと聞いてびっくり仰天した。なぜあの時、無理してでも引っ張って、彼を連れて逃げなかったのか。その思いがずっと自分を苦しめている。

――母と同級生だった人は名古屋で教師でした。

「そりゃあ、原爆は大変なことだった。しかし、広島だけが戦争の犠牲者のような言い方をするのは間違っとると思う。戦争の時代は、日本のあちこちで空襲の大変な被害をこうむった。名古屋の空襲の時、この腕のなかで教え子が息を引きとった。教え子の体がだんだんと冷たくなっていったのが、今も忘れられん。」声を詰まらせながら、涙をぬぐわれました。

――沖縄の友人の話。

沖縄戦の時、親父は一六歳くらいで、近所の人たちとガマで生き延びました。親父の脇腹にはえぐられたような大きな傷跡があった。子ども心にも聞いてはいけないような気がして尋ねたことはなかったです。ガマのなかで自決するようにと言われて、自分の腹を鎌で切りつけたが死ねなかった。そういう話をずっと後に母親から聞きました。

沖縄は、日本で唯一戦場となったところです。米軍が上陸した昭和二〇（一九四五）年四月一日から六月二三日の終結まで、島の姿かたちが変わってしまうほどの、激しい空襲、爆撃を受けた。住民は島のあちこちにあるガマの奥深くに逃げ込み、ほんの少数の人だけが生きながらえました。ガマから地上に生還してきた「ぬちどぅ宝」。命こそ宝、この言葉の重みははかりしれないのです。

太平洋戦争で欧米諸国を相手に戦争をした日本。日本では諸々のことが戦時体制のなかにまきこまれていきました。戦闘に必要なあらゆる物資の調達や軍用機器などの生産、製造にと子どもたちも総動員となりました。やがて都市部は空襲の被害を受けるようになり、たくさんの人々が犠牲となりました。国の人や物など全てが取り込まれていかざるを得ないのが戦争です。後世の者は、なぜ戦争という無謀なことをしたのかと愚かさを思います。しかし、国中の人が思考停止したように、指導者につき従っていきました。なぜそうなってしまったのか。自分は決してそうはならないとは言い切れない。人間は危ういものです。

戦争の結果、加害者と被害者が生じます。ともすると戦勝国が加害者であり、敗戦国が被害者と受けとめられます。しかし、戦勝国といえども兵士を送りだし犠牲になってもいます。戦時体制下にあって様々なことが国民に課せられて、多種多様な損害をこうむってしまうものです。戦争というのは、勝ち負け関係なく双方に加害と被害とを生じるものなのです。

どちらかというと戦争の被害が語られがちですが、加害という視点をもう少し考えてみたいと思います。どのように言い訳をしようと、被爆や空襲で燃える炎のなかに家族や知人を置き去りにしてしまったことの事実は、忘れようとしても消えない。亡くなった人の苦痛を繰り返し思いやっては、自分を責める。また、終戦後生きながらえて帰国した兵士のなかには、戦場での自分の行為に口を閉ざす人もいるのです。そういう人たちは、理不尽な出来事に遭った自分自身が被害者でありつつ、無自覚のうちに加害者としての罪を負っている。法で罪を裁かれるとまだ救われもしよう。そうでないから、自ら責めを負っていくしかないのです。

太平洋戦争で戦場と化した中国、朝鮮半島、東南アジアの国の人々のこと、日本の対戦国の捕虜の兵士たち、そのほか戦争にかかわる日本の行為を知らなくてはいけない。過去の歴史は自分には無関係だとはいえない。過去の歴史のうえに現在が成り立っていて、自分が存在しているのです。人間の歴史は、よいことも悪いことも様々に繰り返し生起して動いていくのです。戦争でどういうことがあったのか、その事実のなかから、なぜそうなったのかを問うこと。歴史からの教訓を自身に問いかけ考えていくことが大事だと思うのです。そういうことを、子どもたちと一緒に考えていきたいと思います。

今日の国際社会では、政治、経済、環境、宇宙、様々な分野で広く国際的な視野で問題解決を図っていかなくてはならないのです。そういうなかで自国は無関係とはいえない、無自覚的に加害者となっていることは大いにあり得るのです。「自分は知らないのだ」という、無知の知*を自覚していくことは必要なことだと思います。

ヒバク証言の旅で交わした言葉で締めくくりたいと思います。セネガルのゴレ島。かつて奴隷貿易の拠点のひとつとして、アフリカ各地から集められた人たちが欧米に送り出されていました。

ゴレ島出身の音楽家（三〇歳代）の言葉。

「ゴレは自分にとって大事な所。やってはいけないことのあった場所。世界の人々に知ってほしい所。そこに生まれた自分は、誇りをもって、世界の人に伝えていく責任がある。」

女子高生に質問しました。——あなたは自分の先祖が奴隷として送り込まれた相手国のことをどう思いますか。

「歴史について、過去のことは自分には責任はない。今後のことを考えていきたい。」

自分の先祖は奴隷だった。なんとみじめで情けないこと……でも、もう済んだこと。過去に直接の責任はないけれど、人間として許されないことが、今後決して起こらないように、事実をきちんと知り次の世代に伝えていくために勉強している、ということなのだと思います。ヒバク地に住む者として、過去の事実を知り未来に向けて行動する責任があるという思いに重なります。交流することから被害加害を超えた、人間としてより豊かに生きていく叡智も生まれてくると思います。

＊プラトン著　田中美知太郎・藤沢令夫訳『ソクラテスの弁明ほか』中央公論社　2002
　穂積重遠『新訳論語　為政編』講談社学術文庫　1981

5　安全・防災の学習

避難訓練

冬期の避難訓練では、運動場で実際に火を燃やして、消火器を使って消火活動をするという、臨場感の強い訓練をします。そういう訓練の後では、時に発生する事件があるのです。

休憩時間が終わって間もない時、非常ベルがけたたましく校舎内に響きました。校長室で身構えていると、教頭先生が走ってきて言われる。「場所は北校舎二階西です。Y先生が確認に行きました。」ややあって、笑いをかみ殺した教頭先生が「安全の確認ができましたので、異常なしの校内放送をします。」とのこと。入れ違いに「ハンニンをつかまえました。」とI先生が、頭から全身真っ白の首根っこをつかんで差し出される。黒い目玉が見開いている白ネズミに、思わず吹き出してしまった。一年の子が、廊下に設置してある消火器の栓を抜いたのです。栓が抜かれると手できちんと確保されていない消火器のホースは、噴出する圧力で、四方八方に首を振り回しました。廊下一面が噴煙に包まれて、火災報知機が鳴動したのでした。いきなりの噴煙と非常ベルにビックリ仰天したのでしょう、尻餅をついたまま動けなくなっていたということです。消火訓練に誘発されて、今まで気がつかなかった消火器に、興味関心をそそられたのです。好奇心旺盛な子どもです。担任からもこっぴどく叱られたS君は、その後しばらくおとなしく過ごしていたそうです。

避難訓練は、職員が子どもたちの安全を守るために行われます。危機発生の場合に、子どもたち自身もスムーズに行動できるようにさせるための訓練です。しかし、訓練が興味関心をひき起こす、というだけに留まっては単なるイベントになってしまいます。安全・防災に関しては不断に考えていきたいです。

思いもよらない所に危機は潜んでいるものです。普段の生活のなかでも意識できるように、学校での避難訓練を通して、子どもたちに知識と行動について教えることが大事です。掃除時間中に震度三の揺れが襲ってきました。三階の教室はかなり揺れを感じました。子どもたちは、とっさに机の下に走り込み、ある子はすぐに教室の戸を開け放ちました。しばらくして、校内放送があり、地震情報と、校庭に避難しなくてもよいということでほっとしました。四年生の担任は、終始箒を持ってつっ立っていたとのこと。子どもたちは「先生が一番危なかった。」と後で口々に言いました。先生は、たいした揺れではなかったので、と言い訳していたそうです。子どもの安全を守るべき役目の担任なのですが――。

やめてください！

二年生男児が下校していた通学路でのこと。

きちんとしたスーツ姿の若い男性から「駅に行く道を教えて。」と声をかけられました。よく知っている道なので、ハイと返事をして一緒に歩いた。少し行くと「ちょっと待って。」と男性はしゃがんで、男の子の足をなでた。思わず「やめてください！」と大きな声を出すと、その男性は走って逃げていきました。その一週間くらい前に、不審者に出あったときの対処のし方などについてNPO法人CAP*広島の学習をしていたのでした。やめてとか、助けてなど声を上げることや、その場から逃げだすなどの内容です。二年生ながら声を上げることができたのです。警察の方から誉められ、小さな子どもに痴漢行為をするのは、たいてい気が弱い者だから大きい声を出すと逃げる、などと教えられました。毎年、行っている具体的な対処のし方ですが、学習の大切さを改めて思ったものです。

子どもの学習は、危機的事態についての知識や避難行動についての知識を習得することです。学校で得た知識を基にして、具体的に実践する場となるのが地域社会です。学校での学習は集団の行動ですが、学校から地域社会に出ると個人で行動する場が多くなります。危機的な事態はあってほしくないことですが、そのあってほしくないことが起こるのが現実の社会です。その折に、学校で学んだ知識が活用されるように、ひとりひとりにきちんと力をつけておかなければならないのです。

そうはいっても、現実の社会は広大であり、様々な出来事が生起して日々動いています。そういう現実の社会を想定して多様に教えるのは不可能です。だから、社会の一部分を切り取って、より効果的にと教えます。ここで留意しておかねばならないことがあります。このエピソードの件を子どもたちに教えて、自分の行動の参考にさせるのは必要です。ただし、スーツを着たサラリーマン風の人は怪しい人なのだ、と教えるとたいへんなことになってしまいます。社会には様々な職業があり、多様な服装や風体の人たちが働き、生活しているのです。社会の大人を危険視することを教えるのではありません。子どもたちに教えなくてはいけないのは、危機的な事態に陥らないための知識や行動のし方の知識です。例えば、特に見知らぬ人と接する時には、両腕を広げた範囲内に近寄らないようにする、危険を感じたら、声を出す、逃げるなどのとっさの行動をするなどです。しかし現実にはそうはできない場合もあります。一瞬動けなくなったり、声など出なくなったりする。だから普段シュミレーションする、声を出す練習をちょっとするなどでいいから、意識づけをしていくことが必要だと思います。

五年生女児のこと。夏休みに学校のプール帰りの道で、声をかけられ建物の陰に連れていかれて肩や胸をなでられた。家に帰って泣きながら母親に話し、学校に連絡がありました。声をかけてきたのは、高校生のような感じで、優しい顔のお兄さんだった。思春期に入りかかった女児の心理も作用してしまうものです。子どもたちへの、安全・防災の学習は、一筋縄の単純なことではないようです。

地域社会の人たちと子どもたちとが、日常的に出会って顔見知りであるのは、かつては当たり前でした。今日では、地域社会の人たちとのかかわりが薄れて、見知らぬ人たちの他者社会になっているところもあります。でも、学校での学習活動や安全見守りなど、地域社会から積極的に手を差し伸べてもらっていることは多々あります。それに対して、子ども会加入率の低下や地域社会で子どもたちの活動が少ないなど懸念の声があります。

学校協力者会議のメンバーを務めている小学校で、体力アップカードというユニークな取り組みが行われてます。それは、学校での運動や家庭での基本的生活習慣とともに、ＰＴＡ、地域、子ども会などの主催行事への参加がある。例えば、夏休みのラジオ体操、学校プール開放、納涼祭、秋祭り、とんど祭り、クリーンアップ大作戦などへの参加も体力アップの得点となるように工夫されているものです。地域社会の人たちと子どもたちとの双方向でのかかわりは、健康、安全はもちろん、社会生活上の様々な姿を、子どもたちが受けとめていく機会になるでしょう。

＊CAP（キャップ　Child Assault Prevention／子どもへの暴力防止）プログラム

安全管理と危険予知

町内会長さんから電話がありました。次のような内容でした。

「一昨日、学校帰りの一年生が、傘で川の流れをつついていて川に落ちた。以前からガードレールをつけてほしいという声が地域からある。しかし、狭い道なので車の離合がしにくくなり混雑が予想される。それでもいいかのと言ってきた。今日も学校帰りの女の子がジャンケンをして、川を跳ぼうとしていた。川の所をどうにかしてくれと要望がくる。しかし、子どもの教育をすることが先じゃないのか、親が子どもに注意するのが先じゃないのか、と言っている。」子どもが育っていく環境には、校内も含めて、地域社会や家庭にも様々な危険があるのは当たり前です。危険な個所一つ一つに蓋をすることは到底出来るものではありません。まったく、町内会長さんの言葉の通り、まず家庭で学校で子どもに教育を、です。

学校では年間安全計画に基づいて、安全管理、安全教育を行っています。それは教師の職務としてしなければならない仕事で、常々手がけていることですが、ここで改めて言っておきたいのです。安全・防災については、繰り返し重ねて確認して、身につけていくものだからです。

学校生活のなかでは、安全・防災についての教育は当然行っています。火災や地震などの避難訓練では、どのように行動するのかを身体に馴染ませて態度化できるように訓練しています。また、町探検、遠足、あるいは雨天時の校内での過ごし方など当然分かっていて当たり前のこととして行動しています。それを、改めて「どうして?」と問いかけて納得させる。それは危険を予知する能力を身体化し、日常生活のなかで習慣化することにつながるものです。

大人は無意識のうちに、次にどういうことが起こるかを予測しつつ行動しています。会話でも、なんと返ってくるかを予測しながら話している。これが、知らない外国語だと返ってくる言葉が予測できないので聞き取れないのです。子どもは、先がどうなるのかは予測しない。やればできるものだと思っています。しかも、大人の管理の目の届かない所ではちょっとした冒険もしてみたいもの。まかり間違えばといった先を読むことはしない。それを、「予知」ということで子ども自身に意識させるようにしたいのです。

見学の事前学習では、学校出発から帰校までの予測される危険なことを、班で五分間話し合って、全体で発表する。まとめる必要はありません。ただ発表を聞き合うだけで十分です。現場では、「今から狭い道を通ります。『危険予知！』」と呼びかけて「自転車や自動車が来るかもしれない。もし地震が起きたらブロック塀が倒れるかもしれない」など各自がつぶやいて意識づけます。あるいは「なるべく一人で行動しないで友だちと行動する」のはなぜそれがいいのかを、一年生は一年生として納得させます。その学年段階での理解のものです。子どもは経験がないので分からないのではなく、今まで育ってきた過程のなかで様々な場面を見聞しています。経験と言葉とが重なっていないのです。それらを意識的に取り出して、その子なりの予知能力を養うのです。

こうした危険予知トレーニングは、特別行事でなくても、日常の生活場面でも「廊下を走ってはいけないのはどうして？」と当然視している事柄を改めて問い、考えて納得させる。そういうことの繰り返しが必要です。

教職員は安全点検を定期的に行っています。目視する、触って、揺さぶって、叩いて音の調子で確かめるなど五感をつかっての点検を当たり前にやっているから、小さな異変に気づくことができるのです。これが危険予知です。それを子どもにも自覚的に行うようにさせる。日常生活場面でのどこがどう危ないのかを、子ども自身が考えて行動するように身体化させる。それは自らの命を自ら守るという能力を培うことで、自立して生活できるようにすることでもあるのです。

職員による定期安全点検で、気づきがあげられました。教室に給食袋を下げるL字型のフックが取りつけてある。それが丁度低学年の子の頭くらいの高さだという指摘でした。さっそく円い形のフックにつけ替えましたが、これで安全とはなりません。とりあえず対処して、そのうちより良い方法が見つけられるでしょう。全員で危険予知を共有していくことがまず大事なことです。

チャイムのあとで・5

校長になって間もない時、一日消防隊員を務めました。梯子車に乗ったり、集中司令室の見学をしたりしました。消防隊員の制服を着なくてはいけないので、超スモールをとお願いしたのですが、なんせ男性用しかありません。ズボンの裾を三、四回折り上げてベルトを両手でつかんであっちこっちと移動しました。消防署の方も気の毒がりつつ笑いをかみ殺して、「ま、服に体を合わせてください。」まるでチャップリンの格好で壇に上がります。隊員の方々は敬礼をし、真剣なまなざしを向けられます。こっちも生真面目に短く挨拶をしました。学んできた大事なことを翌日の職員朝会で伝えました。

その一。一一〇番なり一一九番なりする場合は、自分の居場所をきちんと伝えることが出来ること。住所番地が分からない所では、目標物をきちんということ。

　その二。災害発生時のテレビ、新聞などの報道では、機動隊などの働きがクローズアップされがち。オレンジ色の服を着た救急隊員は、機動隊や報道陣も入ることのできない、がれきの中に入って、つぶれた家など危険な所で人知れず人命救助に当たっている。

　報道の映像で目にすることだけが、現場の状況の全てではないことに気づかされました。こういうことは、子どもたちにも教え、日頃から意識して考えていくようにする大事なことだと思いました。

Ⅲ　社会性を身につける

「社会性」――知識・技能に加えて教育の目標のもう一つの側面です。子どもたちは、価値観や心情、身体的な個性の異なる友だちとともに生きていく場で、社会性を体験的に身につけていきます。そこには、集団生活の楽しさとともに、摩擦や葛藤もあります。そういう経験を通して、一歩一歩、社会に生きることの意味を理解し深めていくのです。学校生活で起きる様々な問題は如何にして学習体験になり得るのか、考えてみたいです。

1　学校生活のようす

バカ！

一年生のことです。休憩時間に、YさんとK君が口喧嘩をして、Yさんが泣きだしました。六人くらいが集まって、なわとびの練習をしていた。Yさんの跳ぶのを見てK君が真似をした。するとYさんが「バカ！」と言った。むっとしたK君は「バカ！」と言い返し、さらにYさんは「あほ！」と言い、K君は「しんじまえ！」と口喧嘩はエスカレートしていったのです。

周りで見ていた子の「バカというのも、あんまりよくないな。」と言うのを受けて、みんなに尋ねました。


——バカって、どうしてよくないの？
・バカと言うと誰だって、いやな気持ちになる。自分がバカと言うとお友だちもバカと言うよ。
・バカと言ったら私は泣いてしまいます。だって、バカって言われたら、心が悲しくなって泣いてしまいます。
——そうだねえ……こうしたらよかったんじゃないの、ということがありますか？
・ぼくは、K君がYさんの真似をしなかったら、こんなことにならなかったと思います。
・バカっていつまでもやっていると、どんどんいやになるから、バカって言われても、言わない方がいいよ。
・まねをしてきても「やめて！」って言えばいいのに。最初仲直りすればバカって言えなかったのになーあ。
——やっぱり、バカっていう言葉はいやな気持ちになるんだねえ。喧嘩になるねえ。ミニ用紙に思ったことを書きましょう、と締めくくりました。

一年生も後半になると、クラスの友だちのことがお互いに分かってきます。ひょうきんなH君、ちょっと命令口調のMさん、言葉が優しいＩ君など。仲間意識も少しずつできて、言いたい放題に言えるという関係にもなります。それで気安く、バカという言葉も飛び出してしまうことも起こるのです。バカという言葉はよくない言葉だと、今までに何度も注意されてきたはずです。だから、落ち着いて話し合ってみると、納得できるのです。ただし、これで完了！　ではありません。ひとまず一件落着でしかないのです。

子どもたちの学校生活は、時間割のなかでの繰り返しです。その時間にはそのことに集中して取り組むのがきまり。給食の時間はよく噛んで何でも食べようと、友だちに刺激もされて頑張ろうとします。休憩時間は、遊びのなかでトラブルが発生するとどうやって修復し、仲直りをしていくかと対処のし方も学びます。子どもの学校生活は繰り返しなのです。基本のことを繰り返し重ねていく。それらが当たり前のこととして身についていくようにと培います。

サッカー選手、三浦知良氏がプロ三〇年を迎えてインタビューに答えておられました。「経験がもたらすものは、どんな状況でも必ずすること。本番でも練習でも何でもない日でも、常に繰り返し基本の練習をやっている。」この基礎基本の練習を反復することは、スポーツに限らず、多くのことにとっても基本といえるでしょう。繰り返すから習慣化し身についていく。反復しているから、そのなかで起こる、いつもとは違う事柄に気づく。異変やトラブルに対して、早期の対処が可能になるのです。しかし、反復をずっと続けるのは単純なことであって、しかも大変難しいことだと思います。単純なことはなかなか続きにくいものです。目標を立てても達成するにはそれなりの努力を要します。途中で放り出すことなく反復するというのは、生涯にわたって続く困難でもある大事なことではないでしょうか。

話し合った後日のこと。算数の時間に、一から一〇〇までのカードを自分の机に並べました。出来た子は片づけて、算数ドリルをします。時間の終わり頃になって、やっと並べ終わったK君の「やったぁ〜〜ふう〜〜〜。」溜め息交じりの声。隣どうし思わず顔を見合わせてにっこりする子どもたち。

ロケットを飛ばし過ぎてゴムが切れてしまった子が、「おめぐみを〜〜〜。」と友だちの席を回ります。「いいよ、私のをあげるよ。前の動くオモチャのゴムがあるから。」と言う声。喧嘩をしたり、べそをかいたり、助け合ったり、といろいろな出来事を通しながら、子どもたちの毎日が繰り返されていきます。

友だち

「あなたにとって大切なものは何？」休憩時間に遊んでいる子どもたちに尋ねて回りました。家族、命、ゲームなどと答えるなかで、どの学年にも共通していたのは「友だち」でした。子どもたちにとって「友だち」の存在は大きいものです。

『友だちっていいなあと思ったこと』【三年生　道徳の授業から】

・一緒におもしろいことをして遊んだり、たくさん気が合ったり「大好き」と思える時。
・喧嘩してもすぐ仲直りして、自分のしたことも悪かったと思ったり、相手を思ったりする。
・優しいし、励ましてくれるし、一緒に遊んでくれる。問題も教えたりする。だから友だちは好き。
『友だちについて』【六年生　道徳の授業から】
・僕は友だちはあまり好きじゃありません。仲よしでも、僕が少し目立ったり、女子としゃべったりすると「ヒューヒュー」とひやかします。僕は「別にいいじゃん」と言うと「やっぱりの」とか言っていやです。
・私はクラスの女子みんなと仲よしです。特に嫌いな人がいるわけではないし、広くつきあっています。仲よくできない人もいるけれど、しょうがないかなあと諦めています。性格など違う所がうまくかみ合っていないという事だと思います。で、それを直すといいと思うけど、そうなかなかうまくいくものじゃないと思います。
・本当の友だちをもっている人は少ないです。ほとんどの友だちというのは、べたべたくっついていて、おしゃべり相手のたんなるトイレ友だちです。トイレ友だちだから自分の悩みを言っても、友だちの悩みを聞いても、本当の解決はできません。だから本当の友だちをつくるには年数がかかると思います。小学六年生だからトイレ友だちでも良しとしようか。

三年生の頃の子どもは、多分にまだ自己中心的で、自分が何かをすることが目的で友だちを必要としています。高学年になると、友だちに精神的なつながりを望んでいる。そういう本当の友だちというのは、簡単にはできないものだとも、分かってくるのです。

子どもは「○年○組」として組み入れられたクラスで友だち関係をつくっていきます。幼稚園、保育園では、○ちゃんと呼び合う個々の子どもどうしですが、小学校に入ると「友だち」という意味をもった関係になります。すでに一年生から「自分にとって大切なものは、友だち」と言います。今一度、子どもにとって、友だちとはどういうものなのでしょうか。

自分の意思に関係なくたまたま出会ったクラスで次第に友だちとして意識していくようになる。その基盤は、一日の大半を同じ教室で、同じクラスの成員として、ともに生活をしているということ。しかも、この共同生活は、お互いが譲り合い協力し合わなければ、スムーズに動いていかないし、楽しい学級生活にもなりません。一方子どもたちがかかわり合うと、トラブルが生じるものです。低学年ほど、感情や自己主張が生のまま表出してぶつかり合います。怒りやすい子、やさしい子、知らん顔している子、などの友だちの姿も見ていきます。勉強ができる、体育ができる、意見をよく発表する、なんであんなによくできるんだろう、と自分と友だちとは全然違うという感覚で受けとめている。掃除の時には、適当にサボル、机運びをしないでズルをする、など授業中とは違う姿も見ています。一緒の班になると、笑い顔に親しみをもったり、素っ気ないものの言い方に自分のことを嫌っているのかと気にしたり。

子どもは、学校生活の様々な活動をしながら好もしく思う子、そうでない子、みんなクラスの「友だち」として受けとめます。一緒に遊んだり下校したりしてかかわりが深くなってくると、気が合うようになり、クラスの友だちから仲よしの友だちへと進みます。仲よしというレベルの尺度ももちます。高学年になるにしたがって、当たり障りなく表面上のつき合い方もできるようになります。「気の合わない友だちに遊ぼうと誘われた時、用事があるからと嘘をつくこともある。」と言っています。

仲よくするには、お互いに近づきすぎても離れすぎても無理。どのような距離感をもつかを意識する必要があるのです。そのために、既に子どもが自分のなかにもっている自他の違いを言葉で明らかにさせることも必要。例えば帰りの会で「○さん、よかったよ」の発表。友だちに「よかったよ」と指摘され認められて自分に肯定感情をもつようにもなる。友だちの長所を見て、自分に足りない所に気づく。「仲よく」という気持ちが最初に必要なのではなく、学校生活のなかで様々にかかわりながら、友だちっていいなあと思えるようになるのです。友だち関係というのは、心の問題というより社会的な関係でもあるように思います。

四年生の時に担任した子どもたちと四〇年ぶりに再会しました。それぞれ山あり谷ありを経た半世紀であったことでしょう。彼らは同窓会後も折にふれて会って楽しんでいるそうです。「○さんは、言いにくいような事でもパシッと言ってた。」「○君たちは野球をよくやってたね。」「○さん、勉強がよく出来てすごいと思ってた。」友だちのことをよく見ており、覚えてもいます。

子ども時代は、自分の知らない世界が無限に広がっており、日々様々に変化し伸びていく幅が大きいのです。お互いの優劣を意識しつつ感情もさらけ出して、喜び楽しみも様々に重ねられていく。それに比べて大人社会はあまり変化のないものです。だから、あの頃は楽しかったねといえます。子ども時代を共有していた下地があって、今にして親密性のある対等な友だち関係が結び直していけるのでしょう。

自分に折り合いをつける

子どもは成長の過程で、様々に自分の気持ちに折り合いをつけていくことを学んでいきます。五年生の時に、男子がひとりの女子の悪口を言い、近づくと体をよけるなどのいじめがありました。みんなで話し合いをして解決したはずでしたが、六年生になって再発していました。再度話し合った後で、H君は次のように書いています。

「僕は、みんなと◯さんの事をきたないとか言っていました。五年の時に反省したんだけど、でもまだ嫌でした。直すと口では言ったけど、どうしても直りません。できるだけ言わないように気をつけていきます。」

幼児期には言いたいことを言い、したいことをして、自己主張を通した。それが許される場合もあれば、許されない場合もある、と教えられ、年齢相応の折り合いをつけることができるようになっていきます。低学年の時期では感情の赴くままに行動してしまいますが、成長するにしたがって次第に自分の感情を理性で制御できるようになってくるのです。

誰もが、いじめはいけないとよくよく分かっています。だから反省もし、直そうとしているのです。しかし、理性で分かっていても、◯さんが嫌いだというのは感情であり、直すといっても難しいことでした。気にすれば気にするほど、嫌いで憎らしくなってくる。やっかいなのは、嫌い、憎むという感情は、意識すればするほど増幅されてしまうのです。それで、友だちも巻き込んで、◯さんに嫌がらせをし、自分のストレスを発散させるようになってしまったのです。

子どもたちに、自制心を育てるのは大事です。しかしそれは、ひたすら感情を抑えるということではないと思います。子どもが、子どもらしい喜怒哀楽の感情を豊かにもつのは、理性の発達にとっても重要な意味をもっています。日常生活のなかで、喜び、楽しみ、悲しみ、怒り、と様々な感情をもって、それをありのままに表出する。そのうえでこの感情がどういう状況からきて、今自分はどのように思っているのか、をしっかりと感受する。そして、周りでかかわる大人は、感情を受けとめてやり、そういう感情を表す言葉があると教えるのです。感情を言葉という理性で理解すると次の行動ができるようになります。行動すると、さらに理性的な思考や判断も働くようになってきます。先ほどの感情の理解も視点を変えてみることもできるようになります。感情と理性とは、相互に作用しつつ身に備わってくるものでしょう。

そうして、大人になれば、感情を制して理性的になってくるかといえば、とてもそうはならない。大人になっても、いやなことは避けようとする、またやってはいけないと分かっていてもやめられない、などは多々あり、そのたびに行動の選択に悩むのです。感情と理性の葛藤に悶々とすることは大人になっても生涯続いていくようです。しかし、いつも感情を理性で制するのが望ましいともいえないでしょう。葛藤によってより深く人生を味わうことができるかもしれません。だから葛藤に耐え得る理性を養うのも必要です。しかしそれはまた、鋭敏な感性が備わっていて深められるものでもあるのです。まさに感情と理性とは表裏一体のものですね。

反省したが直らない、と正直に自分の気持ちを吐露していたH君は、陽気でひょうきんな子でした。卒業文集には「将来、お笑い芸人になりたい」と書いていました。なんと、大学生時代の友人とコンビを組んでお笑い芸人になったというのです。お母さんから電話をもらって、テレビの深夜番組でその姿を懐かしく見ました。お笑い芸人というのは、感情を豊かにもって表現し、それが観客からどのように見えるかと客観視して工夫していく、などと難しい仕事であろうと想像しました。

障害のある人

六年生の道徳の学習で資料「長い長い道」を読んで話し合いました。

・正一のお父さんは障害のある人だけど、それなりにがんばっていることが文章を読んでよく感じた。例えば、ほほとか耳で感じたり、つえを使って感じるから、目が見えなくても目の代わりになるりっぱなものをもっている。

・目が見えないのは大変だと思います。自分でも目をつぶるとその分、神経が鋭くなるのが分かります。

・体の不自由な人もあまり差別をしてほしくないことが分かりました。でも自分ができるから、あの人もできる、ではなく押しつけない方がいいと思った。

子どもは障害についての知識をもつと、その人にはどのように接したらよいのかが分かります。しかし実際に行動するには勇気がいります。周りの大人が当たり前にしているのを見ると、自分もそうしようとします。社会の大人の働きが重要です。また、知識と感情とは作用し合っています。かわいそうという感情が湧いて、不自由だろうな、何かしてあげたい、この場合どうしたらいいのか、と得た知識でもって行動に移すことができます。ただ気の毒な人という同情に留まっていては、自分は優位にあり、相手を劣っている人として押し込めてしまいます。知識と共感は人として対等に向き合う姿勢につながると思います。

ユニバーサルデザイン、ノーマライゼーションなどとみんな平等であるというのを強調すると、手助けを必要とする人に、何をどうしたらいいのかがみえなくなってしまいます。障害者と健常者とはどうしても差があります。障害のある人は諸々の行動にハンディを伴います。そういう差があるから、環境を整えるなど保障していかなければなりません。差を明らかにするのは差別ではなく、差をきちんと見極め理解して適切な支援を用意するのが、社会の責任です。

障害の表記について、障がい、障碍、などと使われます。どういう文字を当てるかは重要です。

いずれ多数の人の合意が得られる表現が見つけられるでしょう。大事なのは、障害ということをどのように理解するか、受けとめるかだと思います。

例えば、健常者と障害者という区別ではなく、見える・見えない、聞こえる・聞こえない、歩く・車椅子など、諸々の場面で感覚の働かせ方や行動のし方が、人それぞれ異なっているということでもあります。感覚の感じ方や使い方はその人なりのものです。人はひとりひとりが特別な存在であって、みんな異なっている。その違いを見ようとする、意識する、関心を向けるから、助けを求めているのに気づくでしょう。また、困っていたらはっきり言うことも必要です。そうやって受けとめ合う社会になっていくのだと思います。

障害のある人についての学習では、障害の事例を基に理解を深める指導がよく行われます。そこで事前あるいは事後学習の指導法を提示してみます。

——このクラスに障害のあるAさんが転入してきます。さあ、どうしますか?

・どんな障害なの?

・困っていたら助けてあげる。

・自分たちと同じようにしてあげる。

——みなさんはやさしい気持ちをもっているね。ところでAさんはどう思っているのかな?

・Aさんに聞いてみる。「どんなことをしてほしい?」「今まで困ったことは?」「みんなに言いたいことは？」

――そう、相手のことを分かろうとすることからスタートだね。学校生活ではいろいろなことがあるでしょう。そのつど、よく見て、よく考えて、話し合っていきましょうね。

現実の転入生でなくても、また、低・中・高いずれの学年であっても基本は同じだと思います。かかわり合い、コミュニケーションをしていくなかでお互いが分かり合えます。そして、違いがあるところを補い合って対等になれます。同質ではなく違いのある多様な人たちがいるからこそ、個の自立を支援しようと環境も整えられ、社会が豊かになっていきます。子どもの自立を促す教育のねらいと重なります。これはいじめの問題についても共通することだと思います。子どもたちがこのクラスにはいろんな人がいて楽しいなあと思える、そういうクラスづくりを先生たちは日々工夫しているのです。

ウォーキングの道で、向かいからきた自転車が通り過ぎて後ろから、「せんせい！」と女性の呼び声。Ｎさんではないか！　特別支援学校高等部の時に会って以来でした。二二歳になったという。デイケアに利用者として通って手芸をしている、母親が県外で仕事をすることになり、自分はグループホームに住んでいる、ＬＩＮＥで知り合った恋人がいる……。いっきにあれこれ話しました。前に手紙を出したが戻ってきたというので、住所を言うとスマホの画面に器用に打ち込みました。一週間後彼女からはがきが届きました。

「先日久しぶりに会えすごくうれしかったです。しせつはまだなれないけどなんとかやってます。今『かいご』の勉強してます。先生、本書いたらよませて下さい。第一番でよみたいです。」

なんとしても本を仕上げて第一番に彼女に読んでもらわねばならないと強く思ったことでした。

チャイムのあとで・6

遠足の日、予報通りに一〇時頃から雨になりました。下校時に校長室にやってきた一年生。

「どうして遠足しなかったの？」——ごめんね、てるてる坊主作るの忘れちゃったから。

「じゃあ、こんどはちゃんと作ってよ。あたしも帰って作ろ～っと。」

遠足中止を告げた担任の先生に一年生たちは、「なんで？」「今は降ってないよ。」「雨でもいいから行こうよお～。」などとさんざん叫んだことでしょう。困った担任は「校長先生が決めちゃったんだから。」と奥の手。雨のなかを下校していく子どもたちの憤まんは既にクールダウンして、会話も冷静に成り立っていました。

三年生になると、自分の気持ちに折り合いをつけることができるようになってきます。運動会の日は早朝から大雨でした。

「明日はお母さん、おいしいお弁当を作ってくれるって、言ってた。」——明日は台風は逃げるからね。「うん。お父さんも、台風、明日は逃げるって言ってた。」——もうきっと大丈夫だね。

「ウン！」

家族との会話を心のなかで反芻しながら登校してきたことでしょう。子どもは自分の気持ちを自分でなだめ、折り合いをつけることを身につけながら育っていきます。

2　社会の構成員

オンリーワン

小学校の運動会でスローガンに「みんなが主役」と掲げられているのを目にしたことがあります。児童会で話し合って決められたものでしょう。ひとりひとりにスポットライトが当たっているよ、主役なんだから頑張ろうよ、と励まし合っているようです。

その頃ＳＭＡＰが、ナンバーワンにならなくていい、オンリーワンの君は君のそのままの存在でいいんだよ、と歌っていました。今なら、アナと雪の女王の「ありのままで」ということでしょうか。自分らしさを大切にしていこうという心地よい響きです。そこでは自分らしさを発揮して自己実現を目指す個性こそが大事であるのに対して、集団は周りの人々と協調し同化していくものにすぎないと受けとめられているようにもみえるのでした。

しかし本来、人間は社会的な存在です。しかもその社会は多様な個性が集まっているほど活気に溢れた望ましい集団となります。だから、個を伸ばす教育と集団生活に馴染ませていく教育とは対立するのではなく同じ方向を目指すものです。このことは教育の現場では誰もが当然視しているにもかかわらず、その実践は中途半端になっているように思えます。

個と集団について、もう少し具体的な事例で考えてみましょう。

「なわとびがんばりカード」が児童会の運動委員会から子どもたちに渡されます。学年に応じた難易度による級や段がクリアされると、名人になります。練習を重ねて「なわとび名人」となった子は、クラスのみんなからも賞賛されて満足感をもつでしょう。教師はそこで終わるのではなく、「なわとび名人さんは、お手本として、クラスのみんなに跳び方を教えてね」と個を集団に寄与させなくてはなりません。さらに大事なことは、「なわとびは○さんが名人。算数は◎さんが算数博士」とクラスのみんなで納得して、教え合うのを実践させていくのです。そのために、クラスのなかになわとび名人のほかに、ピアノ名人、お掃除名人、あるいは昆虫博士、本博士など多種多様に誕生させる。そのようにして、クラスのなかでそれぞれの名人が自分を発揮するから、算数の時間には、「博士の◎ちゃん、教えて」と言っていけるようにもなるのです。

頑張ったことを認められて、自己肯定感をもつことができます。だから他者を認めることができるようになってきます。他者のよい所を素直に認める、すごいね、よくやったねと自他の違いを知り、どうしたらあんなにできるのだろうと、自己に謙虚になったり次への挑戦にもなったりするのです。そういう見方や態度が備わると友だちとのかかわりも深くなるでしょう。名人や博士をクラスのみんなで共有すると、個と集団とがともに成長することになるのです。このように個を大事にする教育というのは、個性が集団で認められ、集団に還元されて、個性と集団がともに伸びていくようにすることなのでしょう。集団のなかでこそ個性はみえるし、磨かれるものだともいえます。それは、個が社会人として、社会のなかで自己実現をめざす過程につながっていきます。社会生活のなかでの個と集団の相互的な深まりは生涯にわたって続けられていくのです。

小学校低学年の頃からずっと野球をやってきたY君は、大学を卒業して外資系の企業に就職しました。配属された部署で驚いたのは、入室の際に挨拶はおろか隣の人と言葉を交わすことなく、めいめいがパソコンに向かって仕事をしていたこと。そのうち彼は我慢できなくなって、大きな声で「おはようございます！」と言って入室するようにした。そして、仕事はできないけれど宴会なら任せてください、と買って出て盛り上げていくなどした。リストラの時代になって、同期が次々と辞めていくなかで、今彼一人残っていると言います。自分は頭が悪いし、ここを辞めたらほかに行くところがないと笑っています。

彼は個性豊かな社会人として受け入れられています。そのような多様な個性を受容する社会が、自由で寛容な民主主義の社会だということでしょうね。

学級委員

学級委員の選出は、まず立候補した者を選挙します。立候補がない場合は推薦。推薦を受けた者は自分の抱負を述べて、選挙となります。

五年生のS君は推薦で学級委員になりました。明るくて人気はあったのですが、学級委員としての自覚はありません。学級会の司会は相棒のYさん任せ、教室移動の際の整列も声かけをせずにいつまでもお喋りするなどとんと仕事をしない。彼を呼んで叱りつけた。「三組の学級委員として頑張りますと言ったのに、見損なった！」

放課後、事務机の引き出しを開けると、学級委員のバッチが置いてありました。ここで辞めさせるわけにはいかない。翌日「みんなが選んでくれたのに、最後まで責任をもたなくてはいけない。」と話しました。数日後、見学に出かける前にみんなに注意事項を確認していました。また、学習発表会についての話し合いもYさんと相談しながら司会をしました。その後発表会の練習にみんなの熱も入り、だんだんとクラスがまとまっていきました。

学級委員（クラス代表ともいわれる）はクラスのリーダー役です。教師だと、有無を言わさない権威による指導となってしまう所も、子どもたち自身が選んだ自分たちのリーダーなので、言うことを聞こうという気持ちになります。リーダーがリーダーの役目を果たさなかったら、クラス全体の雰囲気が締まりのないものになってしまうのです。学級委員の存在は大きいのです。それを象徴しているのが学級委員のバッチなのです。バッチのもつ意味について考えてみましょう。

現在はどうだか知らないのですが、一九八〇年代半ばに学級委員や児童会委員のバッチが廃止されました。それは、子どもに上下意識などもたせず平等な人間関係のなかで、自覚的な行動を促すために、という趣旨でした。バッチに左右されることなく、自分の役割を自覚し、責任をもって行動できるのは、理想的な姿ではあります。また、そうでなくてはいけないことだとも思いますが――。

学級委員認定式が全校朝会で行われます。

「わたしは○年○組の学級委員になった○○です。みんなが仲よしのクラスにしたいです。よろしくお願いします。」などとひとりひとりが宣言します。さすがクラスの代表になった子は、どの子もピリッとして姿勢もよくはっきりと言えます。

役割が人をつくる、といわれますが、バッチもそうした物理的、心理的な機能をもっています。クラスのみんなによって選出されたという自負心、誇りをもち頑張って役目を果たそうという意欲などがもたらされるのだと思います。バッチをつけていると、無意識に役割も自覚するでしょう。そうして責任感を育んでいくことになります。

九〇年代に入り、不審者への対応のこともあり、学校の全職員が名札のカードを首からぶら下げるようになりました。この名札も一面ではバッチと同様の意味をもちます。職員のみならず、出入りする業者も名札をつけています。こうして学校に関係する人という識別ともなるのです。子どもたちには、名札をつけている人は学校にかかわる人たち、と安心感をもたせることができます。

一般企業などでは、以前からＩＤカードをつけるのは当たり前に普及していたようですが、学校に入ってきたのは遅かったのです。校内で必要感をもたなかったのは、学校が外部からは守られている特別の場所でもあるからだと思います。名札などつけていなくても、責任をもって仕事をしているという自覚はあったはずですが、やはり初めて名札をつけた時には、確たる自覚を促されるような気分になったことを覚えています。広く、他者に向かって自己の存在を表明することに気づきました。

ＪＲに乗るとアナウンスがある。「運転士は○○、車掌は○○です。終点の○○までご案内いたします。」これは大きな責任感の表明だなあと思います。乗客を安全に、確実に目的地に運ぶ役目を果たす、という責任です。また、名乗るのは運転士と車掌の二名のみですが、この二名は運搬業務の代表でもあるのです。運搬業務は、車両整備、線路保全、ダイヤ管理ほか諸々多義にわたる仕事があります。そういう組織の構成員の一人として、今責任を担っているという意思表明です。

ほかにも、バス、タクシー、宅配トラック、などの車体にも名札が取りつけてあります。諸々の職業に携わる人には組織の一員としての役割があり、その仕事を担っているのです。その暗黙の自覚を名札が象徴していると思います。そして、この名札をつけることとは、大人になった誰もが、かつて小学一年生となったその日から始まっています。名札を胸につけてもらった時、緊張とともに誇らしい気分になったことを思い出すのです。

一年生との出会い

春の遠足は、六年生は一年生とペアを組んで行動するのが恒例です。目的地まで歩き、お弁当を食べて、遊んで、と一年生につきっきりでお世話をします。六年生としての最初の責任ある仕事です。

「ぼくのペアと最初に会った時、とてもかわいいと思った。とてもきんちょうした。たぶんあっちもきんちょうしてると思った。初めて手をつないだ時、とても、小さくて、とても、あったかかった。平和公園に行く時も、しゃべってくれるかなぁ～と、とても心配した。ぼくがペアの人に質問しても、うなずくだけで、最初は全然しゃべってくれなかった。ずっと、この調子でいくのかなぁと心配した。途中から、あっちからも質問してきたから、僕は必死に答えてあげた。ぼくは背をちぢめて、一生懸命話した。とても楽しかった。とてもかわいかったです。」

日記には「とても」が七回も出ています。初対面の印象、つないだ手の感触、やっと通じた会話、などのひとつひとつに五感をフル動員させています。そこには「とても」と強調してもまだ足りない感動があったのでしょう。そういう彼の思いの全てが、最初と最後の「かわいい」に集約されています。初めて出会った一年生にかわいいと素直に感じ入った。遠足の間中、諸々大変だったでしょうが、とにかく終始かわいくてたまらなかったのです。

かわいいというのは、愛情のひとつです。一年生に接してかわいいと受け入れ、お世話をする。一年生も次第に心を開いていく。するとかわいさは増幅されて、交流もスムーズになり、お互いの通い合いが密になっていくのです。人間関係の根底には、愛情が必要です。愛情があるから、相手に関心をもって近づいていき、もっと知りたいと双方向でのかかわりもつながって深められていきます。愛情があるから人間関係がつながり、お互いの社会化も豊かなものになっていきます。六年生は一年生を思いやり、状況に応じた言動をし、また一年生に見られても恥ずかしくない自分であろうと自負心をもつでしょう。一年生もまた、六年生を信頼し、言うことを聞こうとし、憧れをもち頑張ろうとする。そうやってお互いが作用し合いながら社会化をし、成長していくことができるのです。

愛情は、家庭で育まれていくものです。誉められ、叱られ、励まされて、様々な愛情の形、質、表現のし方などが、家庭生活で培われていきます。家庭で無条件に愛され、受け入れられるという、日々の生活経験の積み重ねのなかで豊かな愛情が育まれていくのです。

ところで、自分自身が一年生だった時の遠足を思い出して書いた子もたくさんいました。「お兄さんが面白い遊びをしてくれたので、ぼくも一年生に前よりもっと楽しい遊びをと工夫しました。」「とってもやさしいいいお姉さんだった。私も一年生にそう思ってもらえるようになりたい。」

六年生が修学旅行に出かける時、一年生から手作りのてるてる坊主がプレゼントされました。天気に恵まれて楽しい旅行になりますようにとのお守りです。このてるてる坊主を夏休みが終わってからもずっと鞄につけている子が数人いました。愛のバトンが様々な形でリレーされていきます。学校は、家庭で育まれた愛をさらに広めて、深めていくところです。

一番ダメなクラス

全校朝会で、生活委員が行った「居残り・名札の有無」などの調査結果の発表がありました。なんと五年のわがクラスは、違反者数が全校トップ。少なからずショックでした。教室に入ると、いつも通りにお喋りをしている子どもたちに、この子らは何も感じなかったのかと情けなくなりました。黙ったまま黒板に思いを書き始めました。

「何が悪かったのだろう。みんなを信用しているから、だから何も言わなかったのに。みんなはできると思っているから、だから注意しなかったのに。おこらなかったのが悪かったのだろうか――。」

パシ、パシッとチョークの乾いた音がしていました。みんなの方を向き、一呼吸置いて言いました。

「はい、これから自習。国語の漢字、教科書読み、何でもいいから自分で決めてやりなさい。」とても授業などできる気分ではなかったのです。一時間目の終わりのチャイムが鳴って、「日直さん、黒板を消してね。」と言っておしまいにしました。

翌日、名札をつけている者が増えてきて、三日後には全員揃ったことを、学級委員が伝えてくれました。

名札をつけ忘れたのは、最初は数人だったでしょう。名札をつけていなくても学校生活には何の支障もないし、誰も咎めない、しかも先生も何も言わない。いつの間にかクラス中に伝染していったのです。まさに、破れた窓ガラスを放置していると、どんどん破れは広がっていき、やがてはその地帯に悪がはびこっていくという、「破れ窓の理論」の通りです。

違反者数が学校中で最多であったことは、担任としての立場がなく情けなかった。しかし、考えてみると、情けなかったのは子どもたちも同じだったのではないだろうか。バツの悪いなんともいえない思いを、いつも通りの表情を装うことで持ち堪えていたのでしょう。それで黒板に書きだされる文字にシンとして見入っていたのです。「学校中で一番ダメなクラス」という烙印。それが子どもたちにもズシンときた。だから、こんなんじゃいけないと立ち直ることができたのです。

こういう場合に、何らかの指導が必要なのに、口を開くと泣いてしまいそうで、書くことしかできなかった担任でした。しかし日々の担任と子どもとのやり取りがベースとなっていて、子どもたちも感じ取るものがあるのでしょう。それぞれの担任のやり方でよいのです。例えば「学校中で、一番のビリだったなあ――」と頭を掻く先生。「さあ、どうする?」とみんなで話し合いをさせる先生。

この件では、「学校中で一番ダメ」ということが幸いした。そのことを担任と子どもとで共有して、子どもたちに、ちょっと立ち止まって考えさせることができたのです。ひとりひとりが、何かを感じ、自覚的に受けとめることにつながってほしい。子どもの状態や、学年に応じたそれぞれのやり方、担任流であってこそ、子どもたちに通じる儀式のようなものです。

それはともかく、ルールを守るということは、その社会で生活する者にとっては大事な当たり前の約束事です。しかし、残念ながら、ルールは破られがちなものです。交通ルール、飲酒運転など、いくら厳しい取り締まりがあっても違反者ゼロにはならない。厳しいルールが定められても必ず抜け道を探す、それは人間の性のようなものです。人は外的に規制されると反発したり抜け穴を探したくなるものです。それに対して、自分の意思で自覚的に守ろうとする内的な規制に向かうと、自律的になる。社会のルールだから守らねばならないというのではなく、人が見ていようがいまいが、自分がそうしたいからルールを守るという姿勢になる。そういうのが社会の構成員のひとりとしての自覚につながっていくのではないでしょうか。

チャイムのあとで・7

「校長センセー、何さぁ〜い?」子どもたちが下校していく靴箱の向こうから三年生のF君が声をかけてきました。「○才よぉ〜」と答え、子どもたちの笑顔にさよならをしました。

先日も昼休憩に渡り廊下で出会った二年生たちが話しかけてきたのです。

「私ね、昨日が誕生日だったの。」――まあ、それはおめでとう。何才になったの?

「八才!」――大きくなったんだねぇ。頭をなでるとうれしそうな顔でうなずきました。周りから、

「ぼくの誕生日は○月○日。」「私は○月○日だよ。」

「先生の誕生日はいつ？」――一月一五日よ。

「あ、お父さんと同じだ。」「ぼくね、一〇才になったらひとりでおばあちゃんちへ行くんだよ。」

などなど、年齢にかかわる話題は限りなく広がっていきます。

ところで、〇才よ、という私の返事は二一才！　でした。それに対してF君は言いました。

「うっそお！　どう見ても三八才よ！」

私はますます気が咎めてしまいました。いつかまた尋ねられたら、今度からは本当のことを言わなくてはと思いました。そういうことを六年生に話すとMさんが言いました。

「学校の先生はね、若く言うって、お母さんが言ってたよ。」

3　いじめ・喧嘩・問題行動

のけ者

いじめは担任には分かりにくいものです。五年生のこと。男子のほとんどがTさんをのけ者にしている、とWさんがそっと教えてくれました。それとなく注意して見ていると――。

給食準備中にTさんが食器を配っていると、A君が食器篭から自分のを取ってきた。休憩時間にTさんのそばを通るB君が、ふいっと体をかわすような恰好をした。C君がTさんの机の横を走って通り過ぎた。別にどうってことは無いようにも見える。

Tさんを呼んで尋ねると、「なんか男子から嫌われているみたい。臭い、などと言われてとても嫌な感じがする。」と言いました。ある日、みんなに切り出しました。

――この頃クラスのなかで、ある人を避けるようにしているのが気になっています。どうしてなのか分からないので、何か知っていることがあったら、話してくれませんか。

何人かがTさんの方を見る。多くの子が下を向く。Tさんも頭を下げて机の上をじっと見ている。やがてポツポツ発言が出てきます。

「男子のほとんどが、ある人のそばを通る時体をよけています。」

「ある人のことを、汚い、近寄るな、と言ってるのを聞いたことがあります。」

「あいつは一週間に一回しか風呂に入らんのだ、と聞いた。」

「男子から、ある人にバイキンがついていると聞きました。」

――言った覚えのある人は立ってください。

ぞろぞろと立ち上がる。座っている大半は女子、男子は二人だけ。

――その、ある人、というのは誰のことですか？

ほとんどが下を向いている。

――Tさん、立ってください。

赤くなった顔をしかめてTさんは立ち上がりました。

――ある人、というのはTさんのことなんですね。

Tさんは片手で目をこすっています。

――一週間に一回しかお風呂に入らないなんて、誰が家に行って見てきたんですか？　髪も洗わずバイキンがついていると、誰が調べたんですか？　臭いって、あなたたちの身体は何の臭いもしないんですか？　そりゃあ、確かにTさんは太っていてどんくさい。どんくさかったらいけんのですか。太っていたらどうしていけんのですか？

彼女は、しゃくって泣き出しました。泣き声は次第に大きくなって、おん、おん、おん、と教室に響きました。

——今泣いている、Tさんの気持ちが分かりますか——何か言いたいことがありますか？

しばらくして、立ち上がりTさんに向いて次々に言う。

「Tさん、バイキンがうつると言ってごめんなさい。」

「ほとんどの男子がやってるからボクもTさんをよけました。ごめんなさい。」

「人に聞いただけで信じて、ほかの人に言って、ごめんなさい。」

「悪口を言ってる人を止めなくて、ごめんなさい。」

「全然気がつかなかったです。Tさんごめんなさい。」

——Tさん、言いたいことがありますか？

彼女は首を強く振りました。——こういうことは、これからもあるかもしれない。その時は今日のことを思い出してまた考えていこう、と締めくくりました。

子どもどうしのやりとりは、最初はふざけ合いのように始まります。「お前、フケッ！」と言うと、「何言っとるんね！」と怒るので逃げる、追いかける。この段階はまさに遊びです。それがエスカレートして、ほかの子に言いふらす、そばを通る時に体をよける。Tは最初は怒って反発しているが、いつまでたってもやめないので、そのうち諦めて何か言われてもそのままにする。反応がなくなってくると、苛立ってさらにTを困らせる次の手を始める。そうやって、次第にいじめとして進行していくのです。

いじめは、からかう、物を隠す、陰口を言う、無視する、プロレスの技をかけるといったものから、お金を持って来させる、万引きさせる、など犯罪になるものまで多様な様相があります。しかも質的にも異なる行為を一括りにして、いじめといっています。事実を並べてもいじめだと判断できない。被害者が足を引っかけられて転ばされたと訴えても、相手は故意にしたのではないと言うかもしれない。その事実を確認するのは難しいです。不快に思う小さな事柄をいろいろあげて、いじめにつながるからやめようということでもない。とうていできるものでもないです。「いじめはあってはならない」ということを前提にして、話し合いをするのではありません。いじめの根絶を目指すと建前の話になりかねません。また、いじめはすべて悪、といってしまうと教育上の観点を逃してしまいます。不愉快なこと屈辱的なことに耐えて精神的に強くなるのも大切です。そういう内容も含んでいるのです。

事例では、まず被害者の感情を受けとめて、いじめについていろいろ考えさせたいと思いました。いじめにあっていたTさんは話し合いの場ではひと言も発していないのですが、おんおんという泣き声から、彼女の辛さ、情けなさが、それぞれの心に響いてきたに違いありません。共感して謝る言葉が素直に出てきたのでしょう。いけないことをしたというそれぞれの事実が謝る言葉にありました。

いじめの早期発見といっても難しいものです。本人も言わない。いじめにあう弱い自分だと認めたくないのか。周りの子どもは遊びと思っている、いわんや担任には見えない。どうやって発見するか。例えば､橋の管理ではハンマーで叩いて確認する打音検査があるそうです。いつもやっているから違うことに気づく。それと同様に、担任は毎日の出席、健康観察を大切にする。一日のうちで、名前を呼んで顔をきちんと見合わせるのは、この時だけかもしれないです。日々の何でもないようななかに大事なことが含まれているように思います。

波風の立たない穏やかなクラスは理想です。しかし、子どもたちの学校生活は何かが起こるものです。成長途上の活気のある子どもたちが集団のなかでかかわり合っているから、摩擦は必ず発生するのです。その出来事をとらえて話し合うのは、子どもたちの大事な学習です。

もうひとつ大事なことは、学級集団は他者社会でもあることです。

他者社会は、自分にとって心地よい、気が合う人たちばかりではない。好きになれない人、近づきたくない人など様々な人がいる社会です。そういう多様な個性の人たちと一緒に共有の場で生活するために、話し合い、知恵を出し合い、お互いに折り合っていくのです。それはまた多様な人たちがいるから可能になり、集団が豊かになることでもあります。

話し合いをした日の日記です。「私は、Tさんが男子にいろいろ言われてるのは知っていました。でもTさんは私たちには相談も何もせずいつも笑って話していました。そういうTさんを見ると、とてもいやな思いをしているとは思いませんでした。」「僕はクラブに行く前、Tさんにあやまっときました。あやまって済むことじゃないけれど。誰でもああされるといやです。Tさん、心からほんとうにどうもすみませんでした。」「Tさんとしても、いやなことはいやと言おうよ！

言い方に気をつけて！」

Tさんは、その日の日記には何も書いていませんでした。何日か後に、小さな色紙を渡してくれました。それはあまり上手な絵とはいえないけれど、彼女が丁寧に描いた水仙でした。

いじめの逆転

四年生になって一か月。子どもたちは三年生からのままの組で、担任が変わりました。休憩時間になると教室を飛び出して行く子どもたち。そんななかで、机に着いたままのO君がいました。どこか具合が悪いのかと尋ねたのですが、「遊びたくないから。」とだけ答えました。それが一週間続いて、みんなで話し合ってみました。すると意外なことが分かりました。

「三年の時、O君はけんかが弱いけれどもいばりたいから、強いS君をけらいにした。ほかの男子もほとんどけらいにした。ぼくはけらいになりたくなかったけど、S君が強いからしょうがなくけらいになって、O君をしょうと呼んでいた。そしてけらいのM君をいじめていた。そして、四年になってS君が転校して、男子はけらいをやめて、M君のみかたになって、O君をいじめるようになった。」

「ぼくは、O君とS君に正座して『おはようございます』と言っていました。いつもM君やN君がなぐられてテラスで泣いていました。ほかの男子もよってたかっていじめていました。それに、先生に言うとリンチすると言ったので、みんな先生に言いませんでした。」

「三、四人がO君の机を蹴ったりしていました。だけど、そのことを言ったら泣かされると思って言いませんでした。」

「ぼくは三年の時けらいにされたので、だからいまはO君をいじめている。けらいにされている時はいやだった。だからいま、そのしかえしをしていた。」

S君という強力な相棒がいなくなったO君は、無視、悪口などされるようになっていたのです。O君は、授業中もよく発言していたので思いもよらない話でした。

中学年の時期の子どもたちにとって、友だちづき合いは生活の基盤です。徒党を組んで行動すると中身が大きく膨らんで、なんでもできるという効力感も増します。仲間内だけに通用するきまりをつくり、仲間としての結束はいよいよ固く、楽しいものになっていくのです。しかし、子どもたちの日常には争いもしばしば生じるもの。自己中心性はまだ十分に脱しておらず、自分が有利なように、損をしないようにと思っています。自己主張や利己的な行動がぶつかり合い、楽しいばかりとは限りません。また、しかえしをすることは、相手が先にやったのが悪いので、そのためのしかえしは当然のことだと思っています。しかえしは彼らにとっては正義なのです。こうした中学年の子どもたちの社会での、悪いことも含めたいろいろな出来事が、実は子どもの発達に必要でもあります。仲間と協調する、善悪の判断で葛藤するなどを通して、ものの考え方、感じ方、行動などが様々に鍛えられていく時期でもあるのです。

仲間集団には、リーダー格の者がいます。三年生の時のO君と四年生のM君は、それぞれの仲間集団を統率するリーダーでした。彼らは、確かに仲間集団のリーダーとしての地位にあり、目的を果たすために仲間に指示をし、行動させました。しかしそれは、仲間集団を物理的、心理的に自分の配下に置き、ただ支配しただけということだったのです。

クラスでは、リーダーを育てる指導もしています。四～六人の小グループで活動する場面がいろいろあります。話し合いをする、共同制作をする、給食や掃除当番などもあります。そこには必ずリーダーが置かれます。グループのまとめや代表の役目です。この小グループのリーダーは固定化しないで、全員が経験するように輪番制が多いです。なぜそうするのでしょうか。将来どの子もがリーダーになるように、ということではないでしょう。それは、リーダーとグループの成員とのかかわりを学ぶのが目的ではないでしょうか。明瞭な口調、あるいは穏やかな話し方で、成員に活動を促す、ふざける者には注意するなどのリーダーシップを上手に発揮する子もいます。しかし、リーダーが頑張ればグループがまとまるというものでもありません。グループの成員も協力し合うことが必要でしょう。

うまく意見が言えない友だちに「誰か◯さんの言いたいこと分かる？」「こういうこと？」などの助け舟を出し合う。リーダーが不真面目な態度だと「しっかりしてよ！」と批判の声を上げる。成員が、リーダーの言葉に従わなかったり、自分の意見に固執して反発するのでは、グループ内が険悪な雰囲気になってしまいます。自己主張をしつつも、そこそこで妥協する、協力しようとするなどの態度も、成員として重要でしょう。

リーダーという役についているから、見えること、言えることがあり、こういう成員であってほしいということも分かります。また、成員としてリーダーを見て、どういうのがリーダーとしてふさわしいか考えることができるのです。小グループだからこそ、気軽に接して、お互いの気心も通じ合える。そういうなかでリーダーが育てられるでしょうし、主体的な成員としても育っていけるのでしょう。

M君は、三年生でいじめられていた時いやだったと率直に話しました。話し合いの後で日記にこう書いています。「自分の気持ちがすこやかになった。これからもいっぱい話し合いがしたい。」そしてO君は、「ぼくは自分がすごい悪いと思います。いじめられるのはあたりまえだと思います。もうこんな悪いことは一生やりたくありません。だから今、家来にした人にあやまろうと思います。」その後、ひとりひとりに謝って回りました。

いじめの加害者になり被害者にもなったふたり。この経験は、それぞれのもちまえの資質がさらに磨かれて、リーダーとしての基礎をつくっていくことでしょう。

発表できない

五年生としての学級生活も軌道に乗ってきた五月半ば、いくつかの課題も明らかになってきました。そのひとつ、意見発表が活発でなく、挙手をする子が限られているのです。K君の日記を基にして切り出すことにしました。意見発表ができるクラスにするための第一歩をどのように指導したのかを振り返ってみましょう。

一．まず、黒板に次の日記文を提示して、自分の思いをミニ感想用紙に書くようにいう。（五分間）

「今日、五年生になって初めてクラス会をして、なかなか発表ができなくて苦労しました。それに人が言ったら直ぐに『なんでー』とか言う人がいるので、言わないようにすればいいと思いました。」

二．自分も同じだなあという人は言ってください。違う考えの人は「後で言います」と言ってね。

（座席の列を指示して発表させる。書いたのを読みながら発言する子もいる。）

・バカじゃー、と言われるから発表はあまりしたくない。

・発表する時、僕は緊張してしまう。だから声が小さくなってしまう。そしたらみんなが回りでぐちゅぐちゅ言う。だから僕の発表をみんな聞いてくれない。

・緊張して言えない時もあるけど、あまり緊張してなくても、横からごちゃごちゃ言われるとまた緊張してしまう。

三．発表するって、緊張するよねえ。続きはまた後で言ってもらいますね。発表するのは平気だよ！　という人、言ってみてください。（挙手）

・僕は発表しても恥ずかしくない。どうしてかというと、自信があって言うからだ。みんな自信をつけていったらいいいと思う。

・僕もあまり緊張しない。恥ずかしくもない。でも、間違ったら、エーとかヒーとか言われると腹が立つ。バカじゃとか言われると、いやになる。そして発表したくなくなる。

四．では、また戻って、緊張するよっていう人の言葉を聞いてみましょう。（座席の列を指示）

・僕は発表する時、自信があるのは言うけれど、自信がないのは言えないタイプだ。

・私も心のなかではすらすら言えるけど、自分の時になると、ドキドキしてくる。もし間違ったら笑われるし、恥ずかしいし、声は小さくなるし、いやだなあと思ってしまう。

・僕は自分の意見が間違っているかもしれないと思って、発表しようと思っても発表できない。

五．緊張する、自信がない、という人がたくさんいたねえ。でも、みんな同じ言葉、同じ言い方だった？　ひとりひとりがみんな違う言葉で、自分の話し方で言ってたよね。だから聞いていてよく分かったんだろうね。違うって面白いねえ。さあ、話し合ってみて、思ったことがあったら言ってください。（挙手）

・僕も勇気を出して言うから、へんなことを言うのを止めてほしいです。

・みんなの考えを聞いて、私だけでなく、ほかの人も同じ考えをもっていることが分かりました。先生がおっしゃったように、恥ずかしいということは気にしないでたくさん発表していこうと思います。

・今度から、間違ったって、ほかの人と意見が違っても、どしどし発表するように努力しようと思いました。

六．今日は、みんな頑張って自分の考えを言い、よく聞き合ったね。これが本当の話し合いです。いい話し合いをしたね。感想を今日の日記に書いてください。（締めくくりの言葉）

この話し合いを学級通信に書きました。その後、意見発表の時「えー。」と声が上がると「言わないんでしょ！」などと制する言葉が出るようになりました。子どもたちは、いったん納得すると次の方向を目指していく力をもっているのです。

ある問題について話し合うには、まず問題を自分の身に引き寄せて自覚することが必要でしょう。そのために、話し合う前に自分の考えを整理する時間を確保します。また、自分の考えをもつ子に育てるために、学年の始めから取り組んだことがいくつかあります。例えば、日記。テーマは自由に、あるいは学習の感想を宿題とする。書けない時には「何も書くことがない」とだけでもよし、イラストだけでもパスなど柔軟に。学習のノートまとめは「今日の学習で分かったこと、疑問など」。作品の自己評価票は「頑張った所、難しかった所」など。記述から、子どもを理解することができるし、子どもも赤ペンの返事を楽しみにして、書く意欲をもっていくようになっていきます。既に誰もが取り組んでいることであり、話し合いの下地として必要な手立ての例はいくらでもあると思います。

率直な言葉が通い合えば、お互いの気持ちも分かり合うようになります。安心してものを言うことができる雰囲気ができて、さらに話し合いも深まっていきます。せっかく出会った○年○組の仲間たち。感情的になって喧嘩などの問題も生じるでしょう。感動場面もあるでしょう。いろいろな出来事を話し合いの種とすることで、仲間のつながりも強くなっていくのです。そういう子ども時代を充実させてやりたいと思うのです。

弱い者いじめ

弱い者いじめは小さい子がするような印象をもつのですが、六年生でも当たり前に起こるのです。いじめられているというF君のことが分かったので、話し合いました。

――今までに自分もいじめられたことがあるよ、という人、話してみてください

・幼稚園の頃、いつも通せんぼされて泣いた。かくれんぼの鬼をやらされたまま、みんないつの間にか帰ってしまっていた。――そのほか、ぶりっこ、まねし、などの悪口やあだ名も多く出てきました。

・この頃、男子に○○と言われて、知らんふりしたり、「どうして私が○○よ！」と文句を言ってやります。F君も、こんなふうに悪口を言われてたんだと思います。

――F君の名が出てきたねえ。自分も人をいじめたことがあるよ、という人は？

・ぼくより弱いと、ついついやりたくなる。なんでやるか分からない。特にF君は告げ口するし、弱いし、ついやりたくなる。

・僕は、人がやってるからって、金魚のフンみたいについていった。

――いじめは、強い人が弱い人をいじめることなの？

・弱い人をいじめるのはひきょうだ。弱虫だ。
・Tさんが悪口を言ってるのを、私は止めなかった。弱虫だ。ごめんなさい。自分でも自分が恥ずかしいです。
――でもねえ、仕返しされるかもしれないしねえ……
・弱い者いじめはもうやめよう。もしアッカンベーなどしたとしても我慢しよう。我慢できなかったとしても、口だけにしよう。
・私が弱い者いじめをしている所を見たら、多分注意できないと思います。どうしてかというと今度自分がそういう目にあうかもしれないからです。でも、そういう所を止めたりできる人になりたいです。
・自分自身も、言われたくらいで泣くことのない強い心を持たなければと思います。

それぞれに話すのをみんなで聞き合います。担任も話し合いのなかの一人として、つぶやきながら一緒に考えていきます。時間が来たので「みんな一所懸命考えたね。思ったことの続きは、今日の日記に書いてください。」と締めくくりました。

弱い者いじめは卑怯。この卑怯という言葉から、止めもしないで傍観していた自分を思います。そして、卑怯は、弱い者いじめをするだけではなく、自分自身に返ってきたことに気づきます。これがみんなで話し合うという意味だなあと思います。

いじめはなくさなくてはいけない。しかし、いじめの芽を全て摘み取っていくのは到底できることではない。また、ほかのいじめの事例を挙げて指導するのも、実感のない観念的なものになりかねない。いじめはあってほしくないが、子どもの友だち関係のなかでは起こり得るもの。その様々な出来事を経験しながら成長していくのが子どもです。いじめられたことで、精神的に打たれ強くなっていくこともあります。よし、見返してやろうと奮起して、マイナスをくぐってプラスを習得していきます。「ほんの冗談だよ」と言われても、「自分はそうは受け取らない」と相手に返す勇気も必要。場合によっては、受け流すなどの対処のし方を身につけるのも大事なこと。いじめの根絶を目指すのみでは子どもは育たないのです。また、いじめた者に「相手の身になってもごらん」と言っても、「オレ、それくらいなんともない」と返ってきます。でも心の奥では後ろめたさもあるかもしれない。「他者を思いやる」という中身は、別の機会に、また道徳科などで丁寧に指導する必要があるでしょう。

多様ないじめの様相は、子どもたちに考えさせたい大事な課題も多種多様に含まれています。そして、いじめは子ども時代の事象ではなく、大人社会にも多様に生起しているのです。権力、経済力、肩書、様々な力関係が働く人間関係があります。そういう社会に、より自分らしく、清々しく、逞しく生きていく力は、子ども時代に培われていくのだと思います。

遊びの約束

四年生の放課後のことです。Y君から「遊ぼう」と誘われたA君とN君。二人は既に遊ぶ約束をしていたので、返事をあいまいにして二人だけで遊びました。翌朝、そのことを知ったY君は二人に対して大声で怒り、殴りつけて大騒ぎとなりました。

A君の言い分――Y君は「はっきり言えばいいんだ」と言った。でも、怒ると思うからごまかした。それは相手が強いから。だからごまかしたのは、悪い、でもそれは無理。

N君の言い分――こそこそするのは悪いけど、はっきり言ったらつごうが悪い上に怒るかもしれないから、こそこそした。だからこそこそするしかなかった。ぼくも、その日はどうしてもA君と遊びたかった。ほかにどうすればいいのか知りたいです。

――なぜ正直に言わなかったのだろう

・Y君が口の暴力で脅すので、それならA君とN君は嘘をつくしかなかったんじゃないのかなと思いました。

・N君とY君は気が合わないんなら、半分の時間はN君の好きな遊びで、残った半分の時間はY君の好きな遊びにしたらいい。そしたらおたがいの遊びでけっこうおもしろいと思うんじゃないかなあ。

・Y君は断られても、怒ったり脅したりしない方がいいんじゃないのかな。すぐやつあたりや、怒ったりしない方がいいと思います。

――でも、むずかしいことだねえ……

・はっきり言いすぎても困るし、はっきり言わなくてもこんなに喧嘩するし、むずかしいと思いました。私も遊んで楽しくない人には「今日、遊べない」と嘘をつくときもあります。こそこそしたりするのにも、断り方にも、その人に分かるように言わないと、相手は分からずにきずつくかもしれない。

・はっきり言っても言わなくても、けっきょく心のなかが見えたり、分かったりしたから、Y君はいやになったんだと思います。相手が強かったら、どうしようもないし、本当のことも言えない気持ちも分かるような気がしました。でも時と場合によって正直にすること、正直にしないことがあるのはしょうがないなと思いました。

そしてY君。

「反省。ぼくが悪かったことは、命令みたいなことをしたから、そこが自分の悪かった所です。みんなに知ってもらいたいことは、こそこそすることが悪いことだということを、知ってもらいたいです。」

子どもたちは、遊び相手を求めて友だち関係を広げていきます。そのなかで友だちを見る目もできて、友だちや自分の力の優劣も分かるようになります。担任は、誰とでも仲よくと指導します。しかし、子どもたちは誰とでもとはいかない。自分の好きな友だちと遊びたいのが本心です。よい友だち関係を築いていくには、どうすればいいのでしょうか。

子どもは成長とともに、家族よりも友だちの影響を大きく受けとめるようになってきます。それは仲間の圧力といわれるものです。中学年に限らず高学年になっても、仲間の圧力に影響されます。仲間の圧力に対して抵抗するのは、友だち関係に大きな魅力をもつ時期の子どもにとってはたいへん困難なことです。そこで、ライフスキル教育も行われます。具体例は四章でみることにしましょう。

ただ、スキルトレーニングのみでは、「力をもっている子」を悪として、それに対処していくことになってしまいます。「力をもっている子」が全て悪ではありません。もちろん悪に誘う場合は否ですが。エピソードのY君を悪い子、ととらえると彼の存在を否定しかねません。暴力的行為は悪ですが、人格は否定されるものではないのです。彼は、自分への耐性が弱い子です。耐性は、児童心理学で、立ち直る力、弾力性がある、抵抗力があるといった概念でいわれている。自分の気持ちの切り替えができないから、すぐにキレる、怒る、暴力をふるうなどの行動に出てしまうのです。また、友だちには強い口調で対応するのに、自分に対する注意は受け入れられない。だから話し合い後にも「みんなに、こそこそすることが悪いことだということを知ってほしい」と言うのです。自分の悪かった所は一応反省はしていても納得していないのです。自分はあくまでも被害者である、という意識から抜け出せていないのです。

彼に対しての指導は、「怒ったり、暴力をふるったりしてはいけない」というだけでなく、彼がそういう行為に出た気持ちは分かる、と受けとめてやることが必要です。「Y君は、今頃遊ぶ友だちが少なくなってきているから、ちょっとは、かわいそうでした」と、ちゃんと見ている友だちもいます。彼自身、自分が友だちに受け入れられていないということは感じているのです。

だからよけいにカリカリしています。彼がクラスの仲間集団に認められるようにする。彼の得意な場で活躍できるようにして誉める、共同作業で彼をリーダーとして役割をもたせて誉める、などよいところを集団のなかでしっかりと認めていくようにする。しかし、子どもにとっては先生に誉められるよりも、学級集団の仲間に誉められ認められる方が、強い自己肯定感情につながるのです。

転任した学校に、六年生になったY君から手紙が届きました。学習の一環の様でした。

「思えば四年の時、いつもおこられっぱなしだった。忘れ物のこと、けんか、言葉遣い、いろんな面で注意されて直していった。そのかいあってか、忘れ物は時々するけど、四年の時と比べると、すごーく減った。ケンカはしなくなったし、言葉遣いも良くなってきた。今の生活の様子を見せてあげたいほどです。」

彼の成長は、五、六年の担任の指導があってのこと。いろいろな個性の先生に出会って成長していきます。彼は中学年の時の葛藤を土台として、そのうえに新しい自分をつくりあげているということです。

S君

S君は、四年生になっても自己中心性の強い子でした。彼は友だち大勢で遊ぶのを好み、休憩時間になると大きな声で、「○君遊ぼう！」「△君おいで！」と呼びかけては外に出て行きました。しかし自分の遊びたいことを主張し、自分の思い通りにならない時は、暴力をふるったり、暴言を吐いたりしました。

声が大きく、体格もよくて前に立つと威圧感があります。でも、友だちが従ってくれたのは最初の一カ月くらいで、少しずつ友だちは離れていきました。彼は苛立ってよけいに暴力をふるい、悪循環に陥っていったのです。

彼には幼稚園に通う弟と妹がいました。家では彼の思い通りにいかないことも度々あり、「いつもオレばっかり怒られる。」と言っていました。彼にとっては、幼稚園、小学校入学と環境が大きく変化する時期に、お母さんは下の子の出産で、彼に構っていられない状況であったでしょう。母親は自分のそばについていてくれず、自分のことを誉められる、認められるという感覚もあまりもてないままに、自分を肯定的にみることも育ちにくかったはずです。自己中心的な所が脱しきれないできたのもうなずけるのです。

たいていの子は、低学年までの間に、周りとのかかわりのなかで、自分の我がどこまで許されるかという判断ができるようになっていきます。次第に節度節制が身について、自己中心性を脱していくのです。しかし彼は自分の思いが満たされないままに、周りにぶつかっては反発をかい、苛立ち、戸惑い、と苦しいことでした。

クラスの友だちからの苦情が湧き上がる度に、友だちや彼の言い分を聞き、みんなの前で暴力は絶対にいけないと注意するとともに、彼のよい所を誉めて、認めることを意図しました。彼の好きな体育の時には声をかけて準備をし、「今日はS君が跳び箱を重ねてくれたから、みんなきっとうまく跳べるよ。」と言います。また帰りの会では友だちから「給食当番の時、S君が『オレが持ってやる』と言って食器篭を運んでくれた。」など紹介されることもあり、みんなに拍手されて、顔をくしゃっとさせて歯を見せて笑ったこともあります。暴力的な言動がひとときおさまることもあったのです。

時には彼だけを呼んで「友だちを叩いたって、本当？　どっちの手で？」その手を取って「この手が悪い！　悪い悪い手だ！　はい、いい手になったよ。」とおしまい。しかし指導法は様々です。高学年の男性の先生に、どんな指導をするのかを尋ねたことがありました。「ええか、わしの目の黒いうちは二度とやったら絶対に許さんぞ！　覚えとけ！」そう言って指導した子はその後問題行動は起こさなかったそうです。

社会性が身につくには、自分はこれでいいのだという自己肯定感情が育まれていなくてはなりません。そして、周りを見て修正しながら自己中心性を脱していくようになります。しかし、社会性は子どもの頃に身につけて完成、というものではないのです。成人しても老人になっても、それぞれの社会生活のなかで成熟させていくのです。しかも、周りに合わせる自己制御のみではなく、自分の個性を発揮しつつ、社会で自己実現を目指していく生涯にわたっての営みでもあると思います。

映画監督の小津安二郎氏の言葉*にあります。

「なんでもないことは流行に従う。重大なことは道徳に従う。芸術のことは自分に従う。」

日常生活は世間の常識に合わせ、芸術こそは自己の信念に基づく、という姿勢は、社会性と個性とが見事に貫かれています。大人として迷いのない自立した生活をしたいと願うのですが、しかし現実にはそうでない人も多くいます。厳しい就活を潜り抜けて就職したのに、一年後には三割が辞めていくといいます。迷いつつ、自分の目指すあり方を求めているのです。自分の信念を貫いて生きることは難しいものです。職を離れるにしても、そのまま続けるとしても、迷いのない人生などあり得ない。社会に適応しつつ、自分らしいあり方をつくっていくのが人生です。そういうなかで、混迷の時があり、葛藤することで、自分が鍛えられ、深められもする。それがより豊かな生き方にもつながっていくのでしょう。

＊小津安二郎、映画『彼岸花』撮影中の、小津・岩崎・飯田の鼎談。キネマ旬報No.212　1958

チャイムのあとで・8

一校時が始まって間もなく、一年生の男児がひとりで保健室に来ました。顔中ひどく血を流しているので救急車を呼びました。教頭先生がつき添って行き、病院の待合室でいろいろ声をかけられたとのこと。

看護師さん「誰かにいじめられたん？」

老人の男性「誰かにいじめられたんだろう。」

かけつけた祖母「誰かにいじめられて、何かされたんじゃないのか。」

祖母の話から家庭事情を知ります。両親は離婚し、父親と二人暮らし。放課後児童クラブにもいかず、家ではほとんど一人で過ごしている。祖母は隣に住んでいるが、あまり行き来はしていない由。普段から余りものを言わない子で、驚いたせいか泣きもせず、養護の先生にも「おちた」としか言わなかったのです。四時間余りかかって、頬二五針、顎三針も縫う怪我でした。学校に帰ると、救急車のサイレンで子どもたちも気にしていて、六年生の子が教えてくれました。春の遠足でペアになって以来かわいがっているということです。

「あの子、よく階段の手すりに上がっているよ。」

思いがけないことをするのが子どもです。そういうことをよく見ているのも子ども。大人もかつては子どもであったのですが。

4　社会で担う役割

習慣化

放送朝会で、校長先生のお話がありました。三年生の子どもたちの感想から。
・校長先生が「そうじをがんばって自分の心をみがく」と言われた時、私はそうじをしながら自分の心もきれいにしようと思いました。
・そうじとべん強、どっちがいいか。そうじのほうがやさしい。でもそうじがきちんとできないと、べん強はできない。

校長先生のお話というのは日常的ではないので新鮮です。それで校長先生の言葉を聞いて、自分も頑張ろうと思うのです。しかし、その決意、意欲は時間とともに薄れて消えてしまいがち。せっかくの決意を実現していくには、それなりの覚悟や実行がいります。周りからの働きかけも必要。継続する努力をともなって実現が可能となっていくのです。

学校教育は、端的にいうと子どもたちに望ましい習慣が身につくように指導することではないでしょうか。こういうと、子どもを飼いならす、などと誤解されてしまいそうですが、繰り返し反復する学習によってよい習慣を身につけて適切な行動ができるようにしていくのです。「社会によりよく生きていく子どもの育成」という教育目標の生きる力の土台になる一つがよい習慣だと思います。基本的な生活習慣や学習習慣を身につけるといわれるものです。

教育の大きな目的である知識・技能が効果的に習得されるには、まず学習習慣が整っていなくてはいけません。ノート、教科書などの学習用具を机の上にそろえる、姿勢を正す、頭の中のスイッチをオンにするなど学習に向かうための心身を整えます。このような形式的な様式とともに、学習の中身の質的な習得が、学習習慣には含まれているのです。ものごとを見たり感じたり考えたりして、友だちと意見を交わすなどの学習活動をしていくなかで、子どもの想像力や創造性などが育まれていきます。知徳体の学習活動を通して、創意工夫が養われるように習慣化することが大事だと思うのです。繰り返し行うことで習慣化されます。

このように拡大して考えていくと、広義の意味で学校生活全てを習慣化させるのが望ましいということになるのですが、そこにはおのずと限界があります。集団での習慣化にこだわるあまり、個が日々新しい知見を獲得して変容していく発達を抑制したり、せっかくの個性を潰してしまうなどは本末転倒です。学校で習慣づけるための指導をするのは、子どもたちに同質性を求めてのことではありません。あくまで習慣というのは個人的なことです。ひとりひとりが自覚的、自律的に行動できるようになることです。

とはいっても望ましい行動様式は、初期段階では他律的強制的なものでなければ習慣とはなりにくいのです。低学年では、先生の言動を真似てやろうとする段階、中学年は、物事の意味を分かって自主的にやろうとする段階、高学年になると、今までの経験から十分理解できており習慣として身につけてよりよいあり方を求める段階となります。せっかく習慣化されても、習慣というのは、反復が途切れると崩れてしまいます。興味関心が薄れる、ほかのことに好奇心が移る、生活環境の変化など様々な要因によって崩れたり、望ましくない習慣をつけてしまったりする。望ましくない習慣を正すには非常な根気を要します。例えば、ゲームにはまって夜更かしするようになったのを戻す場合、ゲームの誘惑を断つ気構え、夜更かしをすると自分に失うものが多い、学習の向上や生活の質を高めよう、などと自覚して努力するのを忍耐強く励まし指導していかなくてはいけません。学校での学習が効果的なものになるには、十分な睡眠や食事などは基本です。そのために家庭での子どもの生活習慣の確認などの協力も必要です。

習慣化された行動を怠ると自分の気持ちが許さなくなる、というようになってくるとその行動様式が身についたといえます。子どもの頃の習慣が性格をつくり、その後の人格形成となっていくともいわれます。個人として自律的に社会に生きていく土台が、学校教育での習慣化に含まれているのだと思います。

「気をつけてお家に帰りましょう」と下校の放送を終えて、放送室から出てきたS君が扉に鍵をかけています。通りかかって「ごくろうさん。」と言うと、ちょこんと頭を下げました。そして鍵を返却するために職員室の方へ二、三歩行きながら、腰をかがめて、放送室の下の戸を、ちょっと引いていきました。なんと、下の戸の鍵がかかっているかどうかを確かめたのです。その何気ない動作に驚きました。先輩の放送委員からの申し送りだろうか、それとも家で教えられていることを、当然のようにしたのだろうか。いずれにしても習慣化された美しい所作でした。

見学調査

子どもたちの好きな学習活動の一つに、見学調査があります。見学の視点を詳細に決めるよさ、事前に細かく指示しないでおおまかな視点のみ決めるよさ、それは子どもの状況や担任によって様々です。

スーパーマーケットの見学から帰ってきた三年生の何人かに見学ノート「たくさんふしぎをみつけよう！」を見せてもらいました。

◯スーパーマーケットがやっている工夫みつけ
・品物はしゅるいごとにならべてある。
・品物が少なくなったら、すぐにたしている。
・かん板に品物の名前を書いて、目立つ所に立てている。
◯ふしぎに思ったこと・ぎもんに思ったこと
・魚などには、なぜラップがはってあるのかな？
・いろいろな所にドアがあった。

・どうしていつも、いろいろな品物があるのかな？

工夫みつけは、そのまま疑問にもなる事柄です。きっとその意味がいろいろと話し合われることになるでしょう。

次は、筆者の実践で、四年生の「交通管制センター」の見学調査ノート。事前に①よく見たいこと、②たずねたいこと、を各班で話し合って作成したものです。

①よく見たいこと
・機械の数や種類
・働く所の広さ、様子
・どんな仕事があるのか

②たずねたいこと
・何でこの仕事につこうと思ったんですか？
・私たちはけじめをつけるために制服を着ているけど、交通管制センターの人は、なぜ制服を着ているんですか？
・町の人たちに協力してもらいたいことはありますか？

どの班にも共通していたのは機械についてでした。副読本の写真で興味をもったようです。子どもたちが見学をするのは、現実の社会で大人が実際に働いている所です。現場では実に様々なことを発見し、疑問をもったりします。そういうのが見学の良さでもあります。もう少し見学調査について考えてみましょう。

スーパーマーケットで、いろいろな商品が並べられているのは、それを担当する人の手によるものです。店で働いている人はほかにも、レジの人、奥の厨房で調理している人、外から商品を運搬してくる人、掃除をする人などなど。実に多分野にわたっての内容と仕事分担が行われています。そして、自分の担当の仕事を一所懸命にしています。見学によってそういう諸々を子どもたちは目にし、感じることができるのです。

子どもたちは将来、何らかの仕事に就いて働く社会人にならなくてはいけません。仕事の種類や内容が様々にあることや、それぞれの仕事に一所懸命に取り組む姿は、将来自分もこういう仕事をする人になりたい、など印象づけられもするでしょう。キャリア教育ともいわれますが、こうした見学調査には、仕事をするという基盤になるものが大きく含まれています。身近な所で目にふれるから、あそこと自分がつながっているんだなと思えるのです。そして働くことへの関心、憧れ、仕事と自分のかかわりなどは、大人になってもずっと続いてもっていく必要のある大事なものです。


日曜日の夜八時頃、近所のスーパーマーケットで買い物をしました。レジで「いらっしゃいませ。」とお辞儀をして顔を上げた人に思わず声を上げました。「まあ！　Mちゃん！」向こうも「まあ！　イシカワコウチョウセンセイ！」いま高校二年生。短大に行きたいのでバイトで貯金をしているとのことでした。「また来てくださいね。」と笑顔で丁寧に挨拶をしてくれました。またある日のレジで背の高い男性に「お元気ですか。」と言われてびっくりしました。大学生になったので、せめて携帯や遊ぶお金は自分で払わなくては、とのことでした。幸いレジは混んではいませんでした。本当は、客とのこんな私語はいけないかもしれないのですが、隣のレジの中年の女性は笑顔で見守っていてくださいました。この子たちも、三年生の時に「スーパーマーケットのたんけんに行こう！」とはりきって出かけたのでした。

家族について

六年生の家庭科で家族について学習したことを、懇談会の資料としました。

○父母について
・メガネが似合う、背高のっぽのお父さん。このごろずいぶん年をとったようだ。
・お父さんは客に気をつかっている。良く見せようと家に連れてくる。
・母は働き者だ。家に帰るとすぐに、グダーッとなって、何も食べずに寝ている。
・学校から帰ると母が寝込んでいた。見ると、トイレのそうじがしてあったのでびっくりした。マスクをして「コンコン」せき込みながらやったのを思うと、かわいそうな感じだ。
○家族とは
・一番小さな集まりだ。その集まりのひとりひとりは自分のすることをしながら、助け合いながら、家庭を作っている。そういうことができない家族はいい家族とはいえない。だからぼくも家族の一員としてわがままや悪い所を直そう。
・父母とも忘年会。今もう十時。いったい何をしているのだろう。早く帰ればいいのに。まあ、ぼくも大人になれば分かるのだろうが。
・大人って勝手だ。私を子どもにしたり大人にしたり。「〇〇（タレント）カッコいい」と言うと、「一二才の子の言うことか。子どもらしくしんさい！」またある時は「もうこれぐらいやったっていいじゃないの。もう大きんでしょ。もうすぐ中学生じゃないの。」
六年生ともなると、家族を少し離れた位置から客観的に見ることができるようになります。家族は、日常生活のなかで、お互いが感情的になったり、理性的になったりしながら、生の姿をさらけ出して生活をしているのです。そういうなかで、我が家でのものの見方や考え方といったものが、子どもにも培われていくのでしょう。

社会科の目標に「社会生活についての理解を図り」とあります。その社会生活をする一つの小さな単位が家庭です。低学年の生活科で、家のお手伝いも経験しています。それは家の人の協力による学習でもあります。それが、大きくなるにしたがってお手伝いの中身や量も多様になってくるし、単なるお手伝いではない場合も生じてきます。先にあげた資料のなかに「今日は母がいない。洗濯物を取り入れ、そうじ、米を洗って夕飯のしたく。母のありがたみがよく分かる。」というのもありました。家事のあれもこれもを一手にやり遂げる能力も備わってきます。「ありがたみがよく分かる」というのは、自力でやってこその実感でしょう。また、家族の一員という気づきも、お互いのことを理解し合っているからといえるでしょう。大人と子どもという小単位の人間関係のあり方を無意識のうちに学び、相手のことを理解していくのが家庭生活です。

家庭生活のもうひとつ大事なことは、父母が社会で仕事をしている、その一端を学ぶことです。客への気遣いの様子や、疲れ果てて寝ている姿に、外で一所懸命働いていることを思いやっています。いずれ自分も社会で仕事をするようになるのだと受けとめもしています。仕事は楽なものではないことも、親の姿に学んでいるのです。

六年生が将来の夢について話しました。

「ぼくはサラリーマンになって、せいぜい部長になることです。」――まあ、どうして社長にならないの？　と問うと、「偉くなったら大変だもん。お父さん見てたら分かる。」そう言っていたG君は、営業職に就いて、外国にまで出張して活躍しています。「私はお母さんのような看護師さんになりたい。」と言ったUさんは、いま三人の子どもの母になり、看護師をしています。「旦那さんが協力してくれるからね。」と、仕事が楽しいと話してくれました。

つまらなかった遠足

六年生が一年生を引率する春の遠足。六年生に甘え、頼り切って、奔放に走り回る一年生。お世話する方は大変でくたくたになってしまうのですが、無事に遠足を終えると、大きな満足感に包まれるのです。しかし、楽しいことは何もなく不満いっぱいに終わった子がいました。つまらなかった遠足の話です。

一年生に障害のある子がいました。怪我をして出血したりすると血が止まらなくなるという病気のあるKちゃんの担当になったNさんは遠足の間中不満顔。それでもずっとつき添っていました。彼女の日記。「今日の遠足はつまらなかった。最低――。こんな遠足なんてなかったらよかった。」日記は翌日も続きました。

「私にとっての遠足は、人と違って全然面白くなかった。けれど、ミニ日記に、先生の四、五ページの返事をもらって考えた。私は別にKちゃんを特別だとは思わなかったけれど、保健室の先生がおられたから、特別に見えてしまった。Kちゃんは自分に障害があるからと思って、私に冷たくしたのだろうか。遠足の時は障害のことは忘れて、ちゃんと話してくれればよかったのにと思う。Kちゃんのお母さんは、本当にこの子のことをどう思っているのか、私も、先生も分からない。」

一年生は初対面の時こそおとなしくしているのですが、じきにうちとけて、あれして遊ぼう、これしようと走り回ります。しかし、楽しく遊んであげようにも、反応がない。何を尋ねても分かるのか分からないのか、返ってこない。ただそばにいて、転ばないようにと気を遣うだけ。楽しくなかったのも当然でしょう。彼女の日記にどのような返事を書いたのかは覚えていません。

ただ、彼女の思いに添いながら一所懸命に書いたはずです。それを見て「先生からの長いお返事、いいなあ。」と言った子もいました。Nさんは数日考えて何かをつかんだのでしょうか、その後はケロッとしていました。

遠足のペアは、たまたまの出会いから結ばれます。特別の事情がない限り組み合わせ方を細工するなどはしません。Kちゃんのことも特別支援学級担任の「特に気遣いしなくてよい。万一の時は養護の先生に頼んであるから。」という言葉に従ったままです。子どもたちは、遠足当日の朝、並んだ順の、たまたまの出会いのペアをすんなりと受け入れます。自ら選んだのでもなく、相手が選んでくれたのでもない、公平な偶然の組み合わせです。偶然の出会いが、結果的に意義深いものになっていくのです。それは、せいいっぱい、一所懸命に尽くすからです。

六年生には、一年生が喜ぶ遠足にしてやること、それが責任だと話していました。それでも、何か困ったことがあったら言ってくるように、いつでもお助けマンをするからとも。でも誰ひとり助けを求めてはきませんでした。へとへとになりながらも、必死で一年生につき従っていきました。Nさんもあれこれ K ちゃんに問いかけ、散歩をしたりと、困り顔をしながらも、助けを求めはしなかったのです。

六年生はみんなそれぞれに必死で頑張ります。途中でギブアップしないのです。なぜか。それは六年生としてのプライドです。途中で投げ出すことは自分の誇りが許さない。しかも、小さな一年生が六年生の自分を見上げているのです。このペアの子に対しても、メンツが立たないようなことは、絶対にしたくない。六年生としてのプライドが、ひとりひとりを屹立させているのでしょう。

もうひとり障害のある一年生のT君がいました。聞くこと話すことができない彼のペアになったI君の奮闘も、友だちはちゃんと視野に入れていました。そのことが日記に書かれています。「遊ぶ時、I君の投げたボールを、T君が一生懸命取っていました。うれしかったと思います。」「I君、Nさん、たいへんだったろうなあ。よくお世話できたなあ。」他者との偶然の出会いに、どのようにかかわっていくかということを学び、糧となっていったのは六年生それぞれの子どもなのです。

ある時の六年生に、下肢に障害のある男子がいました。両足に補助具を装着していて、歩き方はギクシャクしていましたが、体育も好きでちゃんとやっていました。もし彼が障害のある子の担当となった場合、難しかったかもしれない。でも案外そうでもないのではないかと思うのです。きっと彼は、その子と呼吸を合わせて、つき添うことができたのではなかろうかと思います。

それらのことから考えました。パートナーは、誰であってもよい。そういうたまたまの出会いこそが、子どもにとっての体験。出会って、遠足の間中、無我夢中で世話をする。そのこと自体が貴重な意味のある体験となる。だから特別な細工などしないで、六年生と一年生とを対面させる。それはまた、子どもの人権を大事にすることでもあると思います。

Nさんの事を、毎年の賀状でお父様がそっと教えてくださる。「救命救急センターの専門医として忙しく動き回っているようです。」「今は大阪で頑張っています。」人の命を救うというのは大変な仕事です。しかも、不特定の緊急を要する人に対処していくのです。きっと彼女は、人間性豊かな医師として活躍していることでしょう。

チャイムのあとで・9

「先生に担任してもらってよかった」という言葉は、元担任としてはうれしい言葉です。しかし、なんとなく面映い思いもします。自分自身が未熟だったという申し訳なさもあるのですが、もっと本質的なことを思います。

ほんとうは、子どもたちは、どの先生でもよかったのではないか。子どもたちに「どの先生にもってもらいたい？」と尋ねて、「どの先生でもいいよ」と答えが返る。それが、公民的資質の基礎が培われて育っているといえるのではないか。どの先生からもそれぞれの先生の影響を受けつつ子どもは伸びていく。子どものいろいろな可能性の芽を見つけて伸ばしてくれる先生たちです。だから子どもたちにはどの先生にも期待感をもってもらいたいのです。どの先生であっても、先生の教えを聞こうとする、勉強しようと努力する子に育てねばなりません。「この先生でなければできない」というのでは困るのです。担任を自分の好みで選ぶことはできない。どの先生であっても対応できるという、逞しい子どもに育てねばならないのだと思います。たまたまの出会いを契機として大事にして自分も努力していく。出会いは対人関係を育んでいく始まりなのです。

ちょっと本心の所、「イシカワ先生がいい」と言ってほしい気持ちもあります。しかし、公民的資質の基礎を育てたと自負するならば、子どもたちには「どの先生でもいい」と胸を張って言ってもらわねば、立つ瀬がありません。少なくとも「○○先生だけはイヤだ」という○○に私の名前は入ってほしくないとは、切なく思います。しかし「いい先生」というのが、私しかいないというのであれば、その子にとってたいへん不幸なことなのです。ほかのいろいろな先生の影響を受けて、きっと別の道への転機がもたらされたはず。様々な可能性のなかから自分の道を開いていくことができたら、今の○○君とは別の○○君になっていたはずです。申し訳なく、恐れおののくような気持ちになってしまいます。日経新聞コラム「私の履歴書」や「交遊抄」でもたびたび言われている、「あの出会いがあったから今の自分がある。」その言葉は、今の自分に満足感をもっているからこそ、そう言えるのでしょう。幸せなことです。子どもたちとの出会いのかけがえのなさを思います。

5　世界とかかわる

帰国子女

外国から帰国した児童生徒たちが学校でいじめにあっています。広島県で外国赴任経験者の教師で立ち上げた、「集まれ小さな外交官！」（帰国した小学生・中学生・高校生対象）というつどいが、平成二八年で三一回となっています。毎夏、一泊二日の日程で、海外での生活経験を語り合い、キャンプファイヤーなどをして楽しむものです。夜の交流タイムで、率直に交わされる話に、初回から相変わらずでてくるのが、いじめについてなのです。

「学校で、困っていること・いやなこと」

・持ち物で、日本の物とは違うことでいじめられた。
・少しでも違うところがあれば、嫌われたり、うわさだけで真実を確かめることなく偏見でいじめられる。
・徒党を組んで、無視されたり、いじめの対象にされる。仲間外れにされる。
・ものの言い方で生意気と言われる。何か間違ったらすぐ笑われる。
・できるだけ海外のことを話さないようにする、自分の意見を言わない、目立たないように気を遣う。

もちろん帰国した児童生徒の全てが、いじめにあっているのではありません。大部分の子たちは、帰国後のそれぞれの異文化対応をして過ごしているはずです。広島県の帰国児童生徒数は八二名います（平成二七年度広島県学校基本調査HPより）。上記の「つどい」の参加者たちも、学校で楽しいこともいろいろ述べています。例えば、「学校の勉強をがんばっている、クラブ活動や学校生活が楽しい、言葉が通じる、食べ物がおいしい」など。しかし、いじめの問題が、今の帰国児童生徒においてもなくならないという現実もあるのです。

帰国子女がいじめられるのは、外国の文化、日本人から見た異文化を身にまとっているから、それに対する反発や羨望などからくるものだ、などといわれることがあります。しかし、そうとばかりはいえないのではないでしょうか。帰国子女という言葉の通り、彼らはもともと日本人です。日本人であるがゆえに、日本の自分たちと同じではないということに、違和感をもってしまうのではないかと思います。例えば、外国人の子どもたちも小学校で七七七名（平成二七年度広島県学校基本調査）学んでいます。日本では彼らは異文化社会の子どもたちです。言葉や生活習慣の違いからくる多少のいざこざは生じるものです。だからといって即いじめられる、ということはないでしょう。

英国で幼児期から生活している子が、休暇で祖父母の家に一時帰国した時、体験入学として受け入れたことがありました。どんな男の子がくるのだろうかと、わくわくして待っていた五年生の子どもたちは、教室に入ってきた子をみてビックリ仰天した。日本人の顔で、日本語を話す（多少たどたどしかったが）のを聞いて、「なんだあ、日本人じゃないか！」と言ったのです。外国人というと、西欧人の顔、外国語、という強い先入観をもっています。それが、帰国子女となると、最初から自分たちと同じ顔をした日本人として眺めます。だから、違う持ち物であったり、言動がはっきりしていたりすると、「なんだ、目立ちたがっている！」と反感を抱いてしまうのです。それは異文化に対する戸惑いではなく、自分たちと同質ではないということに対する違和感ではないでしょうか。

子どもたちは日本の社会のなかで生活しているうちに、知らず知らずのうちに同質性を当たり前のこととして身に馴染ませています。いちいち口にしなくても、察することも容易にできます。しかし、外国でもともと異質性の高い集団にいると、明瞭な自己主張をしないと置いてきぼりになってしまいます。自己主張は、集団のなかで自分の存在を明らかにし、自己を守ることなのです。

帰国子女がはっきりとものを言うのは、異文化集団のなかで身につけたものかもしれません。しかし、見渡すと、クラスのなかには、もともと自己主張の強い子もいるし、強い言動でリーダーシップを発揮して信頼を寄せられる子もいます。だから明瞭な言動、活発な発言などは、異文化を保持していることではなく、それらは個人差であるといえるかもしれません。子どもたちはひとりひとり個性をもっています。それぞれの個性がみえる集団には活気があり、いきいきとしています。それは、同質性のある集団でありつつ、個々の異質性が大事にされているからでしょう。

集団のなかに、異質なものが入ってくると排除しようとします。そこには、まとまりのある集団を崩されまいとする防衛本能が働いています。異質の排除には、攻撃を加えてやっつけるほかに、自分たちの集団のなかに異質を取り込むというのもあります。アフリカ、ザンビアのチェワ族は、外部からやってきた動物や自動車などを仮面につくるといわれます。*異質なものを仮面にして自分たちのなかに取り込んで、危険なものではないということにするのです。しかも取り込まれた物は、集団に同質化されるのではなく、異質は異質のままで集団に置かれます。こうして異質が加わった集団はより豊かなものになるでしょう。無意識に異質なものを排除しようとする感覚をもっているのは、子どもも教師も同じです。異質にどのように対処していくかは、日常の学級づくりのなかで培われていくのです。

子どもの時の外国生活の経験は、その子にとって貴重なことです。経験を将来どんなことに役立てたいか、という質問に次のように答えています（『はばたき』第22・23号　2014・2015年広島県国際理解教育研究協議会）。

「その国を紹介して、いっぱい広めたい。」「住んでいた国の良さと日本の良さを互いに引き出しあえるような人間性を身につけたい。」「海外で働きながら、日本のよいところを外国の人に伝えたい。」

それぞれの子が外国と日本、両方の異文化体験を通して自立している姿に気づかされます。

＊吉田憲司『仮面の森』講談社　1992

ボルゴグラード市への募金活動

朝会で校長先生から、ボルゴグラードでは市民が薬や食料を手に入れるのに困っているという話がありました。その後児童会で募金活動が始まりました。

・広島に小児麻痺という病気がはやった時、ソ連のボルゴグラード市から薬など送ってきたそうです。日本は科学が発達しているのに、昔はあまり発達していなかったんだなあと思いました。

・ぼくは募金を最初からしてあげようと思っていました。つるの恩返しみたいにしてあげないとと思いました。ぼくはボルゴグラードの人がかわいそうです。

・ぼくは、募金を全部で二五四円しました。ずっと前、広島市に小児麻痺という病気がはやって、ボルゴグラード市に助けられました。だから今度はぼくたちの番です。どうか助かるように。

・私は、ほんの少しでも役に立てると思って、募金活動に協力しました。ボルゴグラード市も募金をして、広島に薬を送ってくれたと思います。協力してよかった！

ボルゴグラード市は第二次世界大戦の際、全家屋の八五％が破壊され、一五〇万人を超えた人口も終戦時には三万二千人という廃墟同然になってしまいました。一九七二年に広島市と姉妹都市になったのです。社会科副読本（中学年）には、姉妹都市の紹介が載っていますが、六年生の子どもたちにとって、ボルゴグラード市は遠い外国の見知らぬ都市でした。広島市との深い縁を知って驚き、ボルゴグラード市の人たちに、何か役に立ちたいという気持ちを募らせたのです。一週間の募金活動にほとんどの子どもが参加しました。

二〇二〇年には小学校五、六年生で英語が正式教科になるそうです。五、六年生の英語教育を参観したことがあります。身近なバナナやリンゴの発音の違いに驚いたり、お互いに自己紹介をし合ったりと、子どもたちは実に楽しそうに活動していました。英語よりまず国語を、などの様々な議論もなされています。しかし、グローバル社会の要請としての英語は、同時に日本語の思考力なども必要とされるものです。どちらも大事に学ばねば身につきません。ここでは、英語教育の下地として必要なものについて考えてみましょう。

そのひとつは、異国など見知らぬ他者に対して親近感をもつということです。初めて聞く都市の人たちが困っているという。薬が不足しては病気が治らない、かわいそうにと感情移入する。食料を手に入れるために長い行列で待つ姿に同情する。今、自分たちがボルゴグラードの人たちを助けてあげたいと思っているのと同じように、昔、広島の子どもたちに同情の気持ちを寄せてくれたのだろうと思いを馳せる。他者は他者でなくなり「つるの恩返し」「今度はぼくたちの番」

など近しい隣人となっていきます。他者に感情移入し、同情することから始まり、共感する。共感するから思いやり、親近感も増してくるのでしょう。

異質の他者を避けないで、近づき、知ろうとすることから様々に学んでいきます。他者の言葉が通じるなら、直接に分かりあえて楽しいでしょう。外国語は、英語に限らず中国や韓国などアジア諸国の言葉もあります。そのなかでなぜ英語なのか。広い国際社会で多様な人々と交流するための共通言語として便利なのが英語。英語をひとつの窓口として、どこかの国に興味をもったり、将来留学するなどの道が拓かれていくかもしれない。他者に親近感をもつのは、かかわっていく基礎として大事なことだと思います。

英会話スクールのカナダ旅行に三年生のAさんが参加しました。八月なのに遠くの山には雪が見え、あまりの寒さにフリースを買ったそうです。日本とは異なる国を強烈に意識づけられたことでしょう。四年生ではイギリスに行った写真を見せてもらいました。街路に設置されている大きなゴミ箱がいろいろ映っていました。箱別に緑色や赤色などあるのは、色つきや透明な瓶、缶を捨てる区別のものだと。学校でのゴミの学習が手がかりとなって、目にとまったのでしょうか。ここの人たちも資源ゴミリサイクルをしているんだ、と親近感を抱いたのでしょう。グループ旅行とはいえ、親元を離れた不安感はいつの間にか消えていき、異国をいろいろ楽しんできたようでした。

スリランカの子どもに文具を送る

児童会で、スリランカの子どもたちに文房具を送ろうと、家で使わないままになっているノートや鉛筆などを集める活動が行われたことがあります。だいぶ経ってから、窓口になっていた公民館の館長さんとスリランカ友の会の会長さんから手紙が届きました。

「児童会の皆様

学用品が不足して困っているスリランカの子供たちへ、と皆さんに集めていただいた学用品を預かって一年たってしまいました。大変遅くなりましたが地域の皆さんからいただいた学用品とあわせて四箱（二〇kg）をスリランカ南部にあるダーラマラジャ学校へ九月二五日に送りました。一一月一〇日に校長先生よりお礼の手紙が届きました。児童会の皆さんから預かった学用品をやっとスリランカの学校へ届けることが出来ました。スリランカの子供達も喜んでいると思います。これを機会にスリランカの子供達と友だちになったり、交流できるようになればいいですね。児童会の皆さん本当にありがとうございました。」

広島市でアジア競技大会が行われた時（一九九四年）「一館一国運動」という、市内の公民館が市民と協力して、参加国の選手団を応援する活動がありました。学区の公民館はスリランカを応援したのです。大会後もスリランカ友の会として交流が続き、スリランカを訪問した時、地元の学校の校長先生から「地域によっては、文房具など満足にない子どもたちがいる」という話を聞いたそうです。その話は小学校にも伝わり、児童会での活動となったのです。

前の項で、子どもたちの英語教育の前提として必要なものの一つに「親近感をもつ」ということをあげました。もう一つは「対等な人としてのつき合い」があると思います。

募金にしても物品を寄付するという行為にしても、富んでいる者が貧しい者に施しをする関係のようにみえます。しかし、与えるのは必ずしも富める者ではありません。例えば、東日本大震災の時、世界各地から膨大な義援金が寄せられました。そのなかには発展途上国や最貧国などといわれている国や人々からもたくさんありました。富者、貧者ではなく、同じ人としての深い同情の気持ちの行為でした。ただ、こうした感情的なかかわりは一過性になりかねません。他者に気持ちを寄せることが日頃から養われているのも必要です。

キリスト教やイスラム教の世界では「富める者は貧しき者に与える」。これは宗教的な義務であると教えています。* インドや東南アジアでは、物乞いをする人にお金を与えてもお礼ではなく「あなたはよい行いをした」と返ってきます。日本のお寺でも、供花料などを供えると「よくお供えなさいました」と言われます。施しは自分自身への徳を積むことなのです。神仏のもとで人と人とは対等であるということでしょう。しかし、対等ということの価値観は、国や宗教など文化の違いによって異なるものでもあります。

大人は、知識や経験があり、あれこれ考えて検討します。東北の被災した子どもたちに文具を送る活動の時も「学用品は一度送ると充足するので継続性がないのではないか。また他地域から物を送ると地元の物が売れなくて迷惑になるのではないか」などと話し合われたことがありました。それにひきかえ子どもたちは、心情のままに行動します。文具がなくては勉強ができない、かわいそうと同情する。同じ小学生としての共感の行為だから、参加したことで自己満足できます。スリランカへの送付に日数を要したのは、送料やその他様々な事情もあったのでしょう。「あのようにしてあげたのに、まだお礼の言葉がない」などの不満をもつとしたら、善意を押しつける、上から下への目線です。そのようにならないように、教師は心に留めておく必要があるでしょう。子どもは自分と同じような小学生が、勉強したり、好きなことに夢中になったり、親から叱られたりして生活しているのだろうと、同じ子どもとしての思いを働かせることができます。それが対等な人としてのつき合いができるという、国際感覚の基礎として必要なことだと思います。

中国から三年生の男の子が転入してきました。お父さんが留学生として来日されたのです。日本語は全く分からなかったのですが、「あそぼ！」と誘う子どもたちについて運動場に走って行きました。初登校の日の下校時、なんと「サヨナラ」と発したそうです。明日から日本語指導の先生も来てもらえます。一週間もすればどんなに変わるだろうね、と担任と話しました。

＊キリスト教におけるマタイ、マルコなどの福音書、イスラム教におけるザカート（喜捨）など富に関する教義は多い

チャイムのあとで・10

　ＪＲのホームで電車を待っていた時のこと。平日のお昼過ぎで乗客は少なく、乗車口の五、六人くらいの列のしっぽに並びました。行列の少し離れた横で背の高い女の子がスマホの画面を操作しています。栗毛色の髪が肩にかかっています。はやりの薄い布のひらひらしたスカートの下に、すらりと伸びた脚、ぶ厚い船底のヒールの靴、二〇歳前くらいでしょうか。電車が到着して、開いた扉に並んだ列が動き出しました。と、その女の子が、さっさと列の前に行き乗り込んだのです。まあ！　とムカッとしました。車内に入り、優先席に座りつつ、既に座っていた人をふと見ると、件の女の子でした。相変わらず、スマホの画面で何やらやっています。空いている時だったからいいものの、順番抜かしをするなんて非常識なことだ。下車する時に「乗る時はちゃんと並んだ方がいいよ」と言ってやろうと、うつむいたきれいな顔を見ながら思っていました。発車してほどなく、次の駅に着いた時、いきなり私の目の前にスマホの画面が差し向けられました。見ると「新白島」の文字。「あっ！　ここ！　ここ！」私はあわてて両手でホームを指し示しました。女の子は風のように去って行きました。ゆっくりと動き出した車窓から、改札口に向かっている姿が見えました。

　外国の人だったのかなあ、ろうの人だったのかなあ、スマホは助けになるもんだなあ、などと思っているうちに下車する駅に着きました。

Ⅳ　共有社会をつくる

教育は、子どもと教師の間のコミュニケーションによって成立しています。これまでみてきたように、習得した知識・技能や社会性は、互いに伝え合うことによって深化し成長していきます。この伝え合う能力は普通コミュニケーション能力、表現力と受けとめられています。しかしコミュニケーションという言葉には、単に伝え合うだけでなく、伝え合うことによって共有社会をつくっていくという含意もあります。コミュニケーションという言葉を中心に、子どものかかわり合う姿を検討してみたいと思います。

1　気持ちを伝える

先生へ

学校生活は、楽しいばかりではありません。子どもにとっても担任にとっても同じです。クラスの雰囲気がギクシャクしてしまうこともあります。
・私は気になってたまりません。気にならない方がおかしいと思うことなんだけど。先生は、おこる時、誰か一人を決めておこるみたいです。ほかの人だって悪い事をしたのに、その辺にいただけで、同じようにおこられてとってもいやな気がします。先生は、私たちが、本当のことを言っているのに、「言いわけはよしなさい」と言ってしまうので、私たちは、本当のことを話せずに困っています。それに、おこられない人がいる。私みたいによくおこられる人は、その人がにくくてたまりません。こういうことを大体の人が思っています。それに、理科の時だって、ほかの班の人もさわいでいました。なのに、どうして私の名前を出しておこるのですか？先生は誰かの名前をよばないと注意できないのですか？　六組はクラス全員がおこられるそうです。その方がとってもいいです。先生は、気にしなさんな、と言われたけど、私はガマンできなくなって書きました。

その頃どんなことがあったのかは忘れてしまいしたが、おそらく宿題を出さない子が多い、音楽や家庭科などの専科の授業で私語が多く注意された、などが重なったのでしょうか。きっと自分自身が多忙でゆとりをなくしていたのでしょう。

子どもは先生から叱られると、心のなかで反発する。自分の言い分を口にするとさらに叱られるし、自分の非も分かっています。だから自分で自分を慰めて自分のなかに収めていきます。高学年になってくると、反省するとともに、自己の正当性を主張したりするようになります。正当に反発したり、批判的に先生をみることができるのは、大事なことであり、大きな成長でもあります。

自分の気持ちを伝えるには、自分と相手との距離感も大事です。近すぎると感情がモロに出てしまうし、遠すぎると真意が伝わりにくい。敬体文で記述された日記（p.234）には適度な距離感の必要なことがかもしだされています。どうしても言わなくては気が済まない感情と、言いたいことを文字に表すという知性、この両方の相互作用の過程で思考が深められています。正義感、公平感、責任感など様々な道徳性にかかわることを自分のなかに内在化させながら、自己を形成していきます。子どもが自分の思いを率直に表現できるのは、担任自身が子どもにどのように応答するかとの相互作用でもあります。

「気になってたまりません」という言葉に対して、言葉で返すとともに、行動で返すことが重要だと思います。言葉と行動とは連動しています。たとえ、ごめんなさいと言葉で返しても行動が伴っていなかったら、言葉は嘘になります。また、動作化されても真実がなかったら表面上の体裁としか受けとめられません。先生と子どもとが率直にかかわり合って、人間として対等な相互作用のなかでコミュニケーションが図られていきます。先生が、子どもの言い分を聞き、言いたいことが言える子にしていく。それは、民主的な学級、共同体をつくっていく過程を、ともに学んでいるのだと思います。

五年生の女子三名が連名の手紙を、机の上に置いていました。

「このごろ一方的にT君を避けている人がいます。班のなかで彼だけをものすごくきつく注意したり、プリントなどを渡す時も投げるみたいで……せめて彼女だけでも席を替えてほしいと思います。」

三人はいろいろ話し合ったはずです。そして手紙を書こうということになり、その内容をまた話し合う。しかもただ批判するだけではなく、こうしてほしいという提案までしています。話し合い、問題点をあげて、解決策を考える、そして自分たちでできることを行う、それはまさに民主的なあり方を模索している姿です。

バレンタインデー

バレンタインデーは子どもたちにとって大きな関心のある日です。六年生の日記。

・今日チョコを買いに行きました。一番好きな人には、いろんな人よりも少し大きいです。あと二日がドキドキします。

・今日、チョコをもらいました。組の人に四個、一年生からも一個もらいました。二人は手作り、あと二人は高そうなものでした。母さんと姉にももらい、うれしかったけど、友だちに負けた。

・今日、女子からチョコをもらいました。まあどうせ義理だろうし、一個だけ本命が入っていました。だけど、ぼくはその人のことはちょっときらいです。だけど、女子の心はきずつきやすいです。だから、ずっとふつうでいきたいです。ぼくには別に好きな人がいるから。

五年生のNさんが、自分だけの秘密の日記帳をそっとみせてくれました。「バレンタインの日――あげたかった／あげたかった／あげたかった／いとしいあの人に／来年こそは／あげるぞ」そして「お母さんが、まだ早いって、止めたんだ！」やりきれない気持ちを誰かに言わずにはいられなかったのです。

親から特別の意味などはないと否定されても、子どもにとっては気になる行事です。言葉でなくチョコレートというモノによって、気持ちを伝えるというコミュニケーションが成り立っています。この行事も日本で半世紀余り続いてきて、伝統的になっているといえるでしょう。


モノや行動によってコミュニケーションが成り立つのは、行事の意味や場がその社会で共有されているという暗黙の土台があってのことです。伝統行事をコミュニケーションという視点で眺めてみたいと思います。

夏がやってくると地域の神社では夏越祭が行われます。子どもの頃、夕方になると浴衣に着替えさせられて神社に向かいました。参道には屋台が並び、綿菓子の甘い匂いやイカを焼く煙が漂っており、たちまち非日常の世界に引き込まれていきました。祖母に手をひかれて、大きな茅の輪を八の字にくぐり抜けて、うち振られる葉からの湯滴を浴びる。これで夏を元気に過ごすことができると教えられたものです。こうした伝統行事の儀式や様式のもつ意味などは、その行事に参加することによって、大人から子どもへと伝わっていくのです。行事の場を共有する背景には、その社会（世間）の歴史的、地理的、精神的な諸々を含んだコミュニケーションがあるといえます。神楽の例でいうと、物語は何百年にもわたる、地域にまつわる神話や言い伝えなどが蓄積されています。五穀豊穣の祈り、疫病を鎮めて、四季を通じた人間の行いを戒めていく意味が込められてもいます。分厚いマニュアルも説明書も要らない、言葉を超えて地域のことを伝えていく伝承の一つの形です。コミュニケーションの語源は、コミュニティという運命共同体としての社会を形成していくということだと、改めて気づかされます。バレンタインデーのチョコレートが語るメッセージにも、地域の伝統行事のもつ「言霊」の片鱗が隠されているのかも知れません。

しかし子どもたちは、やがてこのような世間から広範な他者社会へ飛び出していきます。そこでは生涯にわたって学びつつ、他者とのコミュニケーションを深めて、新しい共有社会を拡げていかねばなりません。小学校の学びには、そのような使命が課せられてもいるのです。

神様ははじめに人々に言葉を与えられ、人は言葉を駆使して文化を築いていきました。しかしそれは神の目に余るほどに横暴になっていき、それを見かねた神は人々の限りない欲望を破壊します。バベルの塔の崩壊です。現代風にいえば、原子力発電所の爆発や巨大地震による高層建物の崩壊かも知れません。同時に神様は、文化の根源にある言葉をバラバラにして、意思の疎通を不可能にしてしまわれました。しかし人々は挫けることなく、少しずつ言葉を共有して、再びより大きく深い文化世界を創造していきます。コミュニケーションは、こうして言葉を基にして、文化を進展させていきます。言葉について、もう少し考えてみましょう。

媚びる

児童相談所の指導主事さんと話している所に、小さくノックして二年生のYさんが入ってきました。校長室の扉を閉めている時は、来客中か大事な用事の時だから入室しないようにと言っています。しかし、低学年の子は時折入ってくることがあります。お客さんに挨拶をさせて私の隣に座らせました。

「これ、あげる。」と、彼女は持っていた鉛筆ケースから、消しゴムのような物を取り出して、指導主事さんに差し出しました。

「どうしてくれるの？」

「大事な物だから。」

「大事な物だったら自分で持っておきなさい。」

「いい、あげる。」

「消しゴムは持っているからいらないよ。大事な物なんだから自分で持っておきなさい。」

彼女は首を左右に揺らしながら、その消しゴムを収めて黙って出ていきました。

初対面の人に自分の大事な物をあげようとしたYさん。彼女は指導主事さんの顔をちらっと見て体をくねらせるようにして、消しゴムを差し出していました。その所作は、相手の気を引きたいような感じに見えましたが、さすが指導主事さんの対応でした。もし私だったら「ありがとう」と受け取っていたかもしれません。それは「やさしい校長先生」と思われたいという、私の彼女への媚びでもあります。

さしたる理由なく人に物をあげるという行為は、相手に何か媚びている感じがします。しかしそれによって、自分と相手との関係をつくっていくことにもなります。物によって、自分と他者との間に相互作用が始まるきっかけができるのです。

Yさんは、友だちからあまり人気のない子です。友だちが欲しいと思っているのでしょう。物をあげると、遊ぼうと声をかけてもらえてうれしかったことがあったに違いありません。物のプレゼントはインパクトのあるものですが、効果は一時的なことでしかないかもしれません。二年生ともなれば、誕生日などの特別な時以外に、むやみに物をもらったりあげたりするものではないという判断は十分できます。家の人から、あるいは先生からの注意もあります。

友だちが欲しい。手を洗いに行く、運動場に出る、何でもないような時にいつも一緒に行動している友だちが羨ましくてたまらない。どうやったら友だちとそうできるのか分からない。友だちができにくい子は、いろいろな要因があるのでしょう。でもその子なりに考え動いています。友だち遊んでいる友だちの周りで、うろうろしたり、じっと見ていたり、あるいはにこにこ笑顔で見たりします。友だちが数人集まっている所に、勇気を出して「入れて」と言っても「もう人数、いっぱいだから」と断られてしまいます。なんとか仲間入りできないものかと、そのきっかけを自分なりに探しています。涙ぐましい努力をして誰かとコミュニケーションが始まるきっかけをつかもうとしているのです。

なんと言えばいいかなあと言葉を探し、タイミングを探し、それぞれの友だちの姿を、目と心で必死に追っています。友だちの何人かは、そういう子のことをちゃんと視野に入れつつ遊んでいます。だから、先生から「みんな仲よく」と注意があると、そっと心が痛んだりもしているのです。人づき合いの下手な子は、自分なりに、ぶつかり、失敗し、もがいています。人間関係の根底をなす他者を思いやることの素地、他者を自分の所属する社会に受け入れて、コミュニティをひろげていく姿勢の基盤は、このような四苦八苦のなかで、自他それぞれが、自分自身で育んでいくのでしょう。

高校を卒業したYさんが専門学校で看護師を目指していると、お父さんから聞きました。看護師という仕事の、相手のことを思いやるという大事な資質は、彼女のなかで豊かに息づいていることだろうと思いました。

母の日

母の日にお母さんにお手紙をプレゼントしよう。ないしょにして、そお〜と、と四年生に呼びかけました。みんなはそれぞれに手紙のほかにも工夫してプレゼントをしました。

・私はお母さんに「ありがとう」と言われました。私があげたプレゼントは、折り紙で作ったメダルと、お手伝いケンと、学校で書いた手紙です。これをぜんぶまとめて、お母さんがねたあとでマクラもとにおいておきました。

・私がお母さんに手紙をわたして、お母さんにいつもありがとうと言うと、お母さんが私をだきしめてくれました。それからお母さんが、なみだがこぼれそうなほどうれしかったと言ってくれました。

・「ばれちゃった!」ぼくは、テープではったのにとれたから、はろうとしたら、きゅうにお母さんが来て「なにそれ」と言って、ばれてガーンときました。ざんねんでした。

・母の日のプレゼントをあげて、母はありがとうと言った。でも兄の方がうれしかったようだ。でも私はそれでよかったです。ありがとうだけで!

――母の日から一か月後、道徳の学習で「ありがとう」の言葉について話し合いました。

一.うれしかった「ありがとう」

・わたしがうれしかったのは、手伝いをしたり、おつかいをして、にっこりわらったり、心がこもったような「ありがとう」だったのでうれしかったことがあります。

・私は荷物をいっぱい持っていた人がいたので、荷物を持ってあげました。そしたら「ありがとう」と言ってくれました。心がこもっていたのでうれしかったです。

二．いやな気持ちの「ありがとう」

・お姉ちゃんのおべんとうばこを流しに持っていった時に、むすっとした顔でありがとうと言った。もうお姉ちゃんの言うことなんてきくまあと思いました。

・エレベーターに知っている人が乗ったので、七階のボタンをおしてあげたのに、何も言わなかったからいやな気持ちでした。

三．話し合って思ったこと

・ありがとうという言葉は、さわやかなような気持ちのする「ありがとう」もあり、いやな気持ちのする「ありがとう」があって、いろいろなありがとうがある。

・言い方だけで、人の心は変わるんだなあーと思いました。

・いやな思いをしたことはありません。ぼくはこれからもはっきりと、ありがとうを言いたいです。

――いやな気持ちになったことはないという人はほかにも五人いました。いいなあ。

そして、「ありがとうの言葉はなかったけれど」というAさんの発表が心に残りましたと何人か言いました。実は、母の日の彼女の日記は、学級通信にあえて載せませんでした。彼女には「いつか道徳の勉強でみんなに発表してね」と頼んでいました。それは、次のような日記でした。

「私は、食事をするテーブルにおいてねました。そして次の日私は、お母さんが何も言ってこないので『お母さん、カーネーションと手紙見た？』と聞いたら、『見たよ』と言ったので私が『うれしかった？』とわくわくした気持ちで言うと、お母さんは『べつに！』と言ったので、私の気持ちは、ず〜んといきなり暗くなりました。その日親子のつどいがあるので私もついて行きました。その時誰かと出会いました。そしたら『今日、カーネーションと手紙、子どもからもらったの。うれしかったんだけど……』と話していました。私も、それを聞いてとってもうれしかったです。」

「ありがとう」の言葉にこめられた様々な情感を考えました。「ありがとう」の言葉は返ってこなかったけれど、お母さんの振る舞いから愛情を受けとめたことは、ほかの子どもたちの思考を深めるものにもなったようです。

親子という密な間柄であっても、気持ちや思いは、言葉にしないと伝わりにくいのです。幼児期は、親が察して対処してくれるので、子どもは自分のことを分かってもらえるのは当たり前と思っています。しかし、成長するにつれて、知識や知恵を習得してくると思考も深くなり、発する言葉も多様になってきます。だから相手が分かっているといっても、どう分かっているのかは、本当のところは不確かに思えてくるのです。母の日の手紙にお母さんからどんな反応が返ってくるかを、子どもは固唾をのんで見守っていたのもそういうことでしょう。

子どもとお母さんとの間でこのようなコミュニケーションを体験させたのは、いくつかの教育的意図があってのことです。まず、コミュニケーションの場。子どもとお母さんが、他者社会でなく改まった言葉を必要としない親密な世間に在り、その世間のなかでの母の日という状況や意味。それを前提として、手紙のプレゼントが可能で効果的なものになりました。

次に、目的と共有についてです。手紙によるコミュニケーションの目的は、感謝の気持ちを伝えることです。伝えるというのは、一方的に伝えれば済むというものではなく、相手からの何らかの反応を期待しています。反応があって、発信者と受信者の双方の気持ちの通い合いが生じて、目的が達せられるのです。気持ちの通い合いは、「ありがとう」という文章や言葉にこもっている感情をお互いが感受するからです。感情などの本意は、動作、まなざし、あるいは沈黙など非言語的なものを背景にして、そのうえでの言葉によって伝えられるのです。この感情の共有ができてコミュニケーションが成立したといえるでしょう。そして、次の新たな母子関係へと開かれていくのだと思います。

最後に、発信者の意図通りに伝わらない場合もある、ということについてです。発信することは自分の思いを相手に伝えたいという目的があります。期待したような、あるいはそれ以上の反応があるとうれしいし、意思の疎通もできたといえます。でもマイナスの反応だとダメというのではありません。自分の伝え方のどこに問題があったのか、あるいは相手の状況がどうだったのか、などと反省したり相手の立場を思いやったりするのです。子どものコミュニケーションの果敢な実践は自己のコミュニケーション能力を磨くものです。コミュニケーションすること自体に大きな意味があるといえるのでしょう。

小さい時から母子家庭で育ったAさん。偶然に街で出会ったお母さんがうれしそうに話してくださいました。「Aが、二〇歳で結婚したんですよ。今は子どもが三人もいるんで、おばあちゃんはたいへんなんです。」お母さんになった今、どんな母の日を子どもたちと共有しているのでしょう。

チャイムのあとで・11

六年生の卒業アルバムには、ひとりひとりの顔写真があります。どの子も、明るいすてきな笑顔で写っています。さすがプロのカメラマンの腕だなあと感心するのです。この撮影は特別の自動車で行われます。胸部レントゲン撮影車のように、ひとりずつ車に入って撮ってもらうのです。撮影が済むと、たいていの子がほっとしたような顔で出てきます。

カメラマンさんと話したことがあります。

「今頃は、子どもたちが、表情を研究してくるのです。タレントやモデルなどを見て、その表情を真似ようとしているのでしょう。ヘヤースタイルはもちろん、上目づかい、顎を引く、口の開き具合いなど様々に自分をつくってきます。その子としては涙ぐましい努力でしょうが、とっても無理している、不自然でしかない。だから、その表情を取ってしまうのにとても苦労します。その子らしさを引き出していくのは大変です。カメラの前に座って、手鏡を見て髪型を整えるのに時間をかける子もいます。半分以上の女の子がそう。もちろん、男の子もいますよ。正面でなく右側から撮ってほしいと注文。『でも、君はこっちからの方がかっこいいよ』と言うと、すっと力が抜けて自然さが出てきます。ひとりずついろいろ話しながら、研究してつくってきたものを削ぎ落とし、その子らしい表情を探します。だから撮影には、以前の倍くらい時間がかかるようになりましたね。私は、その子の今が一番いいと思います。ありのままの今を、それを撮って残してあげたいと思っています。」

2　会話でつながる

話し合い

「女子のグループが、物でつって仲間になっている。そのグループから悪口を言われて、のけ者にされている人がいる」と五年生の子が教えてくれました。こういうことを聞いたんだけど、知ってる人は教えてと言うと、大体の者が知っており、よくないことだとみな分かっている。

──自分もこんなことがあったよ、という人はいる？

・仲よしがいて、グループになって、そしてないしょ話。私だってやったことがあります。「あの人すぐ○○するんだもん。それにさ〜」などとやります。人のこと言えませんよね。

・友だちを物であやつるのはいやです。そんなことをしたら、別れようとしても、別れられないからです。

・私はたぶん、逆らえないと思います。仲間外れになり、悪口を言われたくないから、同じ意見にしようと思ったと思います。

──話し合って、今どんなことを思っていますか？

・話し合いで、全部言えて、すっきりしました。もう、Aさんも、Yさんも、Tさんも同じ友だちどうしなのでこわがることはやめます。私を助けてくれていたSさん、Hさんは、これからも仲よくしていきたいです。

・ぼくも、K君のどれいみたいになっていたけど、勇気を出して逆らっていきます。ぼくは、もう、いいなりになるのは、いやで、逆らっていきます。

・友だちは大切だと思います。仲よしでグループをつくるのは、いいことだと思います。でもグループを使って、裏でこそこそやるのは、よくないと思います。もういっぺん、よ〜〜〜く考え直してみたいです。

・まあいちおう仲直りできたから、いいと思います。でも、また、いつ起こるか分かりません。

物というのは、もともと経済活動が物々交換で始まったように、人間関係を結ぶものでもあります。等価での物の交換が成り立って、お互いの信頼関係が結ばれていくでしょう。物で友だちを釣ることに嫌悪感をもつのは、対等な友だち関係ではないと気づいているからです。一方的に与えられると、従わざるを得なくなるのは当然のことです。

子どもは、内緒話が好きです。殊に、仲間内で人の悪口を言い合うと、なんとなく秘密めいて結束も強くなる感じです。人を悪く言うことで自分の正当性を主張しています。それは、自分のことを認めてほしい、価値ある存在と思いたいという発達欲求の表れでもあります。「またいつ起こるか分かりません」の通りです。

みんなで率直に話し合ってよかったなあ、と思える場をつくっていくとクラスが活性化されます。話し合った中身を共有してコミュニケーションが豊かになっていきます。

みんなで「話し合う」というのは、何気なく雑談をするのとは違います。自分の考えをきちんとした言葉にして、聞いている人に分かってもらえるように話さなくてはならない。だから、言葉や表現のし方に気を遣う。ちゃんと聞いてくれているか、分かってもらえているか、と友だちの顔を見ながら。しかも、名指しで言う時には、相手の顔をうかがいながら、言い回しに気を遣い「気分がよくないかもしれないけど、怒らないでよ。」などと言い、相手の立場も思いやっています。

話し合いは、「話し手」と「聞き手」とが相互に作用しています。話し手は、自分の話が終わると直ぐに、聞き手に回るのです。そうしながら話し合いが進んでいくことになります。それは、聞き合うことでもあるのです。時と場合にふさわしい言葉を選んで話すという能力は、相手の話を聞くことによって養われます。話し合うには、自分の思っていることを正確に伝える能力と、相手の思っていることを適切に受けとめる能力が必要です。相手のことを受けとめるのは思いやりです。彼はいま、こう思っているのではないか、そういう立場になったら自分は……などと思いやることによって、質問したり、つけ加えたりして、話し合いを深めることもできるでしょう。

話し言葉は、基本的には時間や空間の制約のなかで成り立ちます。その制約、不便さこそが言葉を大切なものとして、言葉に霊魂を感じさせ、言葉に命を与えてきました。ある人は、文字は人を傲慢にし堕落させると考えるし、文字をもたないいくつかの民族もあります。いまでは電話や録音機で言葉が時空の制約から解放された部分もありますが、それを用いる時は、言葉の根源に思いを馳せることも必要でしょう。

阻害語

いくつかの小学校の学校協力者会議のメンバーを務めました。会議で、校長先生から学校教育の現状についての報告がありました。

学校教育はおおむね順調にいっているが、小さな課題は多々ある。その課題の一つとして挙げられたのが、最近子どもの人間関係がギスギスしている、ということです。例えば、休憩時間に廊下や階段などでぶつかりそうになった相手に、「ドケ」「ボケ」「アホ」などの言葉を投げつける。また気に入らない友だちに対して「シネ」「キモイ」などと言う。それは中学年や主に高学年に多い。担任は指導しているがなかなかやまない。それについて児童館の館長さんも「放課後児童クラブの一、二年生の子どもたちもしばしば言っている。注意しても直らない」と言われました。

会議に先立って、全校の授業参観があり、どの教室でも子どもたちは落ち着いて学習しているようでした。学習の効果が上がるのは、内面も落ち着いていてこそです。子どもたちの内面は伺えないが、阻害語が飛び出す子どもは何か鬱屈したものを抱えているのだろうか。あるいは、言葉の使い方の習得が未熟なせいかもしれません。

「ドケ」「ボケ」などの言葉は、感情むき出しの、自分本位の言葉です。相手との関係を断ち切って、コミュニケーションを阻害してしまうものです。だから担任は、即座にそういう言葉を使ってはいけません、と注意するのは必要でしょう。もし放置していたら、容認したことになり、阻害語が蔓延していきかねません。ただ、注意のし方は考えねばならないと思います。頭ごなしに叱りつけては、反感をもたせるだけになり、先生の目の届かない所で発するようになるかもしれません。「ドケ!」という感情の言葉を発した時、そういう感情を表す言葉があることを教えるのも必要です。

「何かいやだったんだろうね。どうしたの?」とまずその感情を受けとめてやります。

「急いでいるのに、じゃましてたんだもん。」

「それは、じゃまになっただろうね。でも、そういう時は、ドケでなく、のいて、と言うんだよ。」

指導のし方は、学年や場面によってほかにもいろいろあるでしょう。学年や場面とは、その言葉を発した子どもの背景を汲み取ってやるという意味です。それは子どもを理解しようという態度でもあります。

子どもは、学校生活のなかで様々な言葉を交わしてコミュニケーションを図りつつ、先生や友だちとの人間関係をつないでいきます。その人間関係をつなぐコミュニケーションの道具として、まず話し言葉があげられます。話し言葉によって、自分の考えや感情を伝え、相手はその言葉を理解し、お互いの関係をつくっていくことができるのです。しかし、話し言葉は、単に言葉を発すると伝わるというものではありません。自分では伝えたつもりでも、意図しないことが相手に伝わっているということもあります。それらは何を意味しているのでしょうか。話し言葉は、言語と非言語によって伝わるという特性があります。聞き手が共感的に受けとめるのは、言語の語彙や知識とともに、表情、声の明るさ、言いよどむなどの非言語を感受するからです。子どもたちの間で発生するトラブルで「そんなこと言ってないもん」「言ったよ」という応酬がなされます。内心の思いは微妙に、表情やしぐさなどに表出してしまうものです。相手はそれを感じ取るから「言った」と受けとめるのでしょう。会話によるコミュニケーションで伝わるのは、言語によるものは二五％くらいで、残りのほとんどは非言語によるといわれます。コミュニケーションが豊かに交わされるように、言語の知識とともに、感情の表現のし方、筋道を立てた話し方、といった指導が必要です。コミュニケーションのスキルについては後述しましょう。

六年生のA子は自分の噂をしたB子と喧嘩になりました。しかし後になって、噂というのはA子の思い込みに過ぎなかったと分かりました。彼女は、家に帰ってから散々逡巡した末、B子に電話で謝り、喧嘩の修復ができました。自分の間違いを面と向かって言うには、きまりの悪さ、恥ずかしさがあったでしょう。感情という非言語の部分をあえて隠して、二五％の言葉で伝えたのです。面と向かった話し言葉では有り余るコミュニケーションが伝わってしまう。だからそういう時は電話や手紙などが適切、ということもしばしばあるものです。伝え方の豊かさが感じられます。

ソーシャルスキル

思わず口から飛び出す言葉があります。うれしい時、腹が立った時などがそうです。休憩時間に子どもたちに、どんな言葉を発するのかを尋ねてみました。

うれしい時「ヤッター！、ラッキー！、サンキュー、ありがとう、ヨッシャ！、キャー！」

腹が立った時「バカア～、ムカツク！　クソガキ！　ふざけるなっ！」などのなかで、そういう場面があんまりない、と言う子もいました。そして「大人はね、腹が立ったら、もお～と言うよね」としかめっ面入りでの答えもありました。

五年生で、「言葉づかいと人間関係」について道徳の授業をしました。ふだんの生活のなかでよくつかう、好きな言葉と嫌な言葉を出し合って導入として、言葉づかいの役割演技を行いました。役割演技は次のような内容です。「この本、貸して」と言うAさんに対して、Bさんは三様の対応をする。①拒絶する、②無言、③受けとめて断る。AさんとBさんを交代しながら演じて感想を話し合う。以下「今日の学習をして思ったこと」の記述。

・今日勉強して分かったことは、言葉づかいによって、人をきずつけたり、人を喜ばせたりすることを知った。言葉は力があるんだなと思った。

・ふつうにつかう言葉でもうれしい、いやな言葉がある。あせったらつい、いやな言葉になるから、ドンマイ、などうれしい言葉をどんどんつかおうと思った。それに言葉だけじゃなく、表情もうれしくなるようにしようと思った。自分もうれしいから。

・いつもつかう言葉でも、強い言葉ばかりじゃいけないということが分かりました。特にむずかしいのが、受けとめて断る。考えるのがたいへんでした。

言葉は、時代とともに社会が変化するなかで様々に変容していくものです。テレビやアニメなどで社会を反映した状況や言葉が映し出されて、当たり前の言葉として抵抗感なく、子どもたちに入ってきます。それが気軽に使えるものとなります。「ばか」などの言葉は、かつては心のなかで叫んでも、直接口にすることはセーブしていたものでした。

話し言葉は、他者関係のなかで磨かれていくものです。「ソレとって」「まあね」などのセリフでお互いに通じ合える仲間内の日常会話では、話し方は身につきません。実社会で経験して学んでいくものも多々あるように、公の場や異なる他者関係での言葉遣いの技法は、体験的に学習して身についていくものです。

ソーシャルスキルトレーニング*の資料では、学年段階ごとに適切な対人関係の能力を身につける学習が記されています。スキルの区分は、ソーシャルスキル、コミュニケーションスキル、アサーションスキルとあります。例えばソーシャルスキルは「仲間の圧力」で、アサーションスキルは「上手な断り方」を例にします。「上手な断り方」は、いろいろな断り方について知り、上手な断り方の練習をします。学習活動は、子どもたちの生活場面で生じる状況を設定し、どのように対処したらよいかを、ロールプレイングや具体的な活動などを通して体得していくようにするものです。このようなスキルトレーニングを重ねて、友だち関係のなかで生じる困った場面で、どのようにしたらよいかという、ひとりひとりの対処能力を育てるようにしています。

このソーシャルスキルトレーニングには、その前提として必要な知識が習得されていなくてはなりません。語彙を豊かにもつ、言葉の発し方や論述のし方（筋道を立てて、説明する・説得する・感想を言うなど）、といった知識が基になっているのです。この知識は、話し手と聞き手の両者が理解し共有していることが必要です。

話し手は、自分の言いたいことを分かりやすく、聞き手の反応を見ながら話します。だから、聞き手は、話し手のために、うなずく、みつめる、質問する、といった態度が重要な意味をもつのです。こうした双方のマナーは、他者理解の相互作用に欠かせないものです。お互いに相手のことを思いやるのも、ひとつのスキルとして学ぶようにする。対人関係にかかわる項目をあげて、チェックしてみる。例えば、「おもしろい・人の気持ちが分かる・よく気がつく・頼りになる・秘密を言わない・責任感がある」などの項目の、自分や友だちのよいところをチェックして、自他を客観視することもコミュニケーションに必要です。相互理解を通して気持ちの通い合う集団を形成していこうというものです。

＊監修國分康孝　編集小林正幸・相川充『ソーシャルスキル教育で子どもが変わる』図書文化社
2010
文部科学省ＨＰ「ライフスキル教育」他

待つ

四年生の時、Ｄ君が言葉を発するのをじっと待ったことがありました。とてもおとなしい、穏やかな子で、授業中に発言することは全くなかったのです。学習内容は理解し、ノートまとめやテストも十分できました。友だちとは小さな声で言ったり、頷いたり、笑顔でついて走ったりして遊んでいました。

班で話し合ったことを発表し合いました。その日はＤ君が発表する番でした。今までは班の者が代わりに彼がメモしたノートを読んでいました。それが「今日は言えるね、大丈夫、言って。」などと小声で励ましています。彼は、ちょっと笑ったような困ったような、緊張した面持ちで立ち上がりました。「はい、ここ読んだらいいから。」と隣からページを指しています。

この学年になって初めてＤ君が発言しようとしている。彼もその気になって立ち上がったのでしょう。彼の口がもぞもぞ動くのですが声は出ません。肩を大きく上げて、ハア～と溜め息を吐きました。クラス中が固唾をのんで見守っています。顔をしかめ、口を動かして何度も言いそうな感じになります。今日こそは何か言えるのではないか、と願いました。彼の表情とクラスの子どもたちの顔とを眺めながら、どこまで待とうかと壁の時計を見る。間もなく一〇分経つ。「はい、D君、もういいよ、座ってください。よく頑張ったね。」と言うと何人かが拍手をしました。「みんなもよく待ったねえ。偉かったねえ。」心底そう思った、長い長い一〇分間でした。

私の心はじりじりとしていましたが、子どもたちはどうだったのでしょうか。そんな感じには見えませんでした。D君はどう思っていたのでしょうか。友だちの助けや熱い期待がいっぱい彼の身にのしかかって、ますます固くなったのかもしれない。その後も彼は、授業中発言することはなく、穏やかな表情のまま、次の学年になっていきました。

カウンセラーは、患者が話すのをひたすら聞くことを続けます。話を聞き、早々と問題点を指摘して、治すということを目指すと、後で再び崩れてしまうことが往々にしてあるというのです。本人自身が納得して、自力で乗り越えていく時を待つ、という姿勢が大事だとあります。教育の場も同様で、子どもが自ら動きだすのを待つ。しかし、その場面や方法はたやすいものではないでしょう。

小学校に入学すると、子どもは様々な言葉と出合い、その意味を理解していきます。そして言葉を使って勉強し、遊び、成長発達して、人間関係も深めていくようになります。言葉は人とコミュニケーションをとるためのものです。例示した授業の場では、言葉でのコミュニケーションは全くなかったのですが、しかし、言葉によらないコミュニケーションが教室のなかに満ちていました。D君の言葉にならない言葉を聴きとろうと、ひとりひとりが彼と様々に対話していたのです。彼もなんとか応えようと頑張っていました。そういう状況が可能だったのは、クラスのみんなが彼を好きであり、彼もまた友だちが好きだったからです。そういうクラスの状況があって一〇分間が成り立ったのだと思います。

言葉は、伝え・受け取られて、自己と他者の間に共有の状態をつくっていきます。しかし、伝えたいという思いと言葉とは必ずしもマッチしなくてもどかしい思いをします。それでさらに言葉を探すことに駆り立てられます。また分からないということも、よけいに知りたいという意欲となります。お互いが言葉を様々に探し求めつつ交わしていく、それがコミュニケーションです。もし、すんなりと意思の疎通ができたらコミュニケーションはそれで終了です。だから、コミュニケーションをし続けること自体に意味があるのです。エピソードの、教師と子どもたちとによってつくりだされたクラスの葛藤の場が、コミュニケーション能力を育てていく大事な役割をもっていたと思います。

ある年、D君から年賀状が届きました。ペンの添え書きがありました。「広島駅で先生を見かけましたが、よう声をかけませんでした。今度見たときは必ず声をかけます。」その文字が彼の声として響いてきました。今はもう三〇歳半ばになっています。いつか彼に声をかけられたいと待っています。見つけてもらえるために、あまりみすぼらしく年を取ってはいけないと我が身を戒める。年ばかりは待ってくれないのですが。

3　文字で深まる

欠席した人へ

　風邪が流行る時期になると、毎日三人、四人と欠席します。多い日は七人にもなって、配付物を届ける班の人はたいへんです。しかし、届けられた生活ノートへの手紙に「一生くるな。一生休め。」と書いてありました。自分では、ほんの軽いつもり。だから相手もそう受けとめてくれる、と思っていたはずです。しかし、「冗談でもそんなのは許せない、そんなのはいけない。」と四年生は誰もが言いました。でも、軽い気持ちでちょっとしたことをしてはいないだろうか、話し合ってみました。

・ぼくは、○○くんが「やだぁ」と言っているのに、勝手に鉛筆を使ったことがあります。
・人のいやがるあだ名を言っている。
・何もしていない人にちょっかいを出したり、悪口を言ったりする。

　振り返ってみると様々に出てきました。考えてみると、自分自身でもまずいなあと思うことは、相手にとっても気持ちのよいものではないことに、改めて気づくものです。この欠席した人への手紙に、軽い冗談のつもりで書くことはたいていの学年で生じるのです。さすが六年生にはないのですが、一年生でも「早くこないとぶっとばすぞ」「おまえなんかしんじまえ」などと書いたりします。相手が面白がるとの思いもあるのでしょう。他者を思いやるというのは軽いことではないようです。

書く・読むは、国語の漢字や文字を正しく書く、筋が通った文章を書く、などの言語表現能力が基礎となっています。また、思いを込めた情操や文章表現力などは、詩や物語などを読むことでも育まれていきます。小説や物語などは著者の手を離れると読者の解釈に任されます。読者はその文章に、自分の思いをのせながら読み、楽しんでいきます。だから、書く能力とともに読む能力も必要です。いくら自分の自在に読んでいいといっても、書かれた内容、意図を文脈にそって正しく読み取ることがまず大事です。そのうえで、批判的に読んでみる、ほかの本を読んで比べてみる、などで読みや思考も深まっていくのです。

書くことについて留意したいのは、いったん文字になって発信したら、即座に訂正ができないことです。先のエピソードの手紙のように、読んだ者は不快感をもちます。「あれは冗談だよ」と後で言っても、わだかまりを解消するのは簡単なことではありません。会話とは違って、書いたものには保存性があり、受け手は繰り返し文面を読み返すことができます。反面、会話のように身振りなどの言葉以外の情報に頼ることはできません。それでも手書きの場合はその筆跡から、書き手の気持ちを推測することもいくらか可能ですが、活字や電子画面の文字では、援護してくれる非言語の情報はほとんどありません。そのことは、今日SNS（ソーシャルネットワーキングサービス）で交わされる様々な言葉についてもいえることです。後で触れましょう。

手紙は、書くという手段によって、発信者と受信者の間に情感が通い合うコミュニケーションの代表といえるものかもしれません。

風邪で休んでいた友だちから返事が届きました。

「早く元気になれよ、という手紙をもらって、次の日は学校にいきたいという気持ちになりました。」「休んでいる時に手紙がたくさんとどきました。それは、早く来てね、とか早く元気になってね、とか書いてありました。私をみんなもしんぱいしてくれていました。読むにつれて元気がでた。手紙、毎日ありがとう。」

手紙を通して気持ちが通い合っていったようです。

敬語で書いた日記

五年生で敬語の勉強をした時、日記を敬語で書くという宿題を出しました。

・本日、隣のクラスの先生が、ハンドパワーとかバカバカしいことをおっしゃっておられました。そんなので教師がつとまるのかなあーとわたくしは思いました。

・今日は雨です。外に出ると大人の人が傘をさして歩いておられます。レインコートを着ている人もいらっしゃいました。どの人も寒いのでしょう、背中を丸めておられました。大人の人のお話を聞いていると、「寒いですねー、風邪をひかないように気をつけて下さい」と会話をしていらっしゃる人達もいました。本当に今日は寒うございました。

・今日、先生が敬語で日記を書きなさいとおっしゃられたけど、その書く題材がありません。母にたずねても「自分でやりなさい」と冷たいお言葉しかおっしゃられません。ぼくはどうしようかとさんざん迷いました。もし書かないで学校に持っていくと、先生からお怒りを食らうと思って必死に考えました。でも全然だめでした。しょうがないので、このような日記を書きました。先生の怒りたいお気持ちはよ～くしょうちしておりますが、どうか、怒らないでくださりませ。

日記という日常のなかに、非日常の敬語はなんともいえないユーモアが漂ってしまうものです。子どもたちは四苦八苦しつつも、丁寧語、尊敬語、謙譲語などを使っています。それらは、日常生活のなかで自分で使うことはあまりないものです。六年生になってからも、同様の宿題を出したことがありましたが、その時はとても滑らかに敬語を使えるようになっていました。会話も、担任以外の先生方には敬語がスムーズになっているのを感じました。敬語を使うということを、学校生活のなかで様々に身につけていくのでしょう。日本語独特の豊かな語彙を適切に使い分け、円滑な対人関係を築いていく能力は、知識の習得や社会性の獲得と相まって、学校生活を楽しむなかで身につけていきます。

ある日の夕方、用事で出かける道で、教え子とばったり出会いました。お互いに一瞬顔を見合わせました。

——まあ！　K君！　私誰だか分かる？「ハイ！」と、なんとまあフルネームで答えてくれたのです。さらに彼は言いました。「お久しぶりです。お元気ですか。」——ありがとう、元気よ。「どこへ行かれるんですか。」などと会話して、「お元気で。」と言ってくれた彼と別れました。小学校時代は特別支援学級に在籍し、人と話をする時に目を合わせることができず、対話もほとんどできなかったのです。特別支援学校高等部を卒業した今は、作業所で働いているとのことです。子どもはきっと成長していくのだと実感し、覚えていてくれたこともうれしく、感激したのです。しかし、後で猛反省しました。彼は丁寧語できちんと話していたのに、私は終始、小学校時代のままでK君に対していたのでした。

とびうおのぼうやはびょうきです

一年生の七月、「とびうおの　ぼうやは　びょうきです」（いぬいとみこ作　米国の水爆実験の被害に遭った第五福竜丸の事件後に書かれた）の紙芝居を見た後で感想を書きました。

一．とびうおのぼうやがからだにぶつぶつができてかわいそうで、わたしはなみだがでました。

・とびうおのぼうやのびょうきがなおらないのが、かわいそうでした。とびうおのおかあさんが、いっぱいおいしゃへいってかわいそうでした。
二．みんながしんだのが、かわいそうでした。せんそうがいけなかったのです。
・とびうおのあかちゃんがおねつがでてきたところがかわいそうだったよ。ばくだんなんかなかったらよかったね。
・とびうおのぼうやはとてもかわいそうだったです。どど——っていうおとで、とびうおのおとうさんはしんだかもしれない。とびうおのびょうきはなおるかな。
三．ぽちぽちのあかいものはいったいなにかな。そしてとびうおのぼおやはいったいどおやってびょうきをなおすの。
・ばくはつみたいなおおきなおとのものはなんだったんだろう。しろいゆきみたいなのはなんだったんだろう。とびうおのぼうやのびょうきはなんだったんだろう。
感想文を大まかに三つに分類しております。一．感情移入しているもの、二．感情移入から客観的な解釈へとなっているもの、三．問題意識をもっているもの。

物語には、水爆実験などという言葉は出てきません。爆発があったと直感的に分かったのは、広島の子どもだからでしょうか。ほとんどの子が、かわいそうと同情し、主人公に同一化していました。入学から三カ月余りの子どもたちは、このようにまで感じ入り、文字にすることができるようになっているのです。

「思ったことを書きましょう」といわれても、一年生に限らずそう簡単なことではありません。「とびうおのぼうや……」の感想文を書いた後の指導を例として、思いを文章にする、ということを考えてみたいです。物語の筋をつかむのではなく、思いを言語化する作業です。

物語にふれて、多くの子どもたちは感情移入をしています。それを「かわいそう」という言葉で表現しています。そこで、「どういうことが、かわいそうと思ったのか」と感情の中身を明確にしていきます。次に原因を探す。「どんなことがあったのか」、光り、音、白い粉などの事実をあげて、何かが爆発したためにぼうやは病気になってしまったことを認識します。この認識することの側面に感情が働いているのです。感情があるから認識に作用します。そして、「なんだったんだろう」と事態の背景をみようとしている子どももいます。心に引っかかる問題意識が、知りたいという意欲の基になります。感情を具体的な言葉にしていくと、どういうことがあったのかが分かってきます。分かると言語化できます。分からないことは言葉にできないのです。そして、子どもは文字を知ると、文字を使いたくてどんどん書くようになります。書くことでモヤモヤした思いが鮮明になっていきます。

とはいえ、子どもの文章は、必ずしも思いの通りに表現されていません。例えば、Nさんは次のように書きました。「きょう、わたしはせんせいにかみしばいをよんでもらったよ。とってもたのしかったよ。」楽しかったはずがない、この子は中身が分かっていない、ではないのです。最初はきれいで明るい場面で始まり、だんだんと複雑に展開していきました。心のなかにいろいろなことを感じ、いっぱい考えたのでしょう。その充実感は「たのしかった」という言葉でしか表せなかったのです。ほかにどういう言葉で言えばよいか分からなかったに違いないのです。また、I君は「だれがとびうおのかみしばいをかいたか、ひとがしりたいです。」と書いています。どうしてこんなことが起こったのか、どうして知っているの、と混乱しつつ、作者に聞いてみたいと思ったのでしょうか。

言葉は、その子の思いの一部分でしかないものです。それは理解能力の差ということではなく、表現力のあるなしの問題でもあると思います。言葉の背景にある感性を豊かにするための活動が大事です。といっても特別に何かをするのではありません。みんなで思いっきり走り回って遊ぶ、歌を歌ったり、おいしいねと給食を食べたり、と体を動かして活動する。そういう普段の生活のなかで感性は育まれていくものだと思います。その子の感性を生かしつつ、表現力としての言葉の力を育てなくてはいけません。

六年生のS君がそっと話してくれたことがあります。「先生は、はっきり言いなさい！　はっきりと！　と言う。言えるけれど、言うと叱られる。だから、忘れたと言うんだ。」先生は無意識に子どもに負担をかけていることがあるのですね。しかし、発信されなければ、本当のコミュニケーションは成り立ちません。発信の手段は、話す、書く、新しいツールなど多様にあります。その根本に必要なのは「何を」発信したいかということです。そして、子どもが自分の思いをもってそれを発信できるのは、受けとめてくれる担任の先生がいるからでもあります。

チャイムのあとで・12

受験シーズンがやってくると、思い出す子どものこと。

五月半ば、休憩時間に一年生の子どもたちのノートをみていました。教室にひとりぽつんと座っていたE君が「せんせい」と呼びかけてきました。

「ぼくね、市内で一番偉い子が行く学校、受けたん。」

――そうだったの……

「それでね、すべったん。」

――まあ……そうだったの……

「お母さんが、だれにも言っちゃあいけん、ゆうた。」

――そう……だれにも言わないでおこうね。

「うん。」何か独り言を言っているような感じでした。私はその日から、E君に給食の葱を食べることを頑張らせるのをやめました。

もう一人は六年生の子。低学年の時からずっと塾通いをしていた、まじめで勉強もそれなりにできる男の子でした。中学を国立私立と合わせて六校も受験し、全て不合格でした。卒業の時に、三年後には高校受験がやってくる、そこからが自分の力の発揮のしどころだ、などと励ましました。彼は学区の公立中学校へは行かないで、転居して他地区の学校に入学していきました。高校受験の時、行きたかった私立に合格した、と電話をくれました。

4　今、そしてこれからを

三年生の終わりに

三年生が終わる頃、一年間を振り返って書いた文集があります。この文集は、ひとりひとりが手書きをしたものを集めて、立候補した編集委員によってまとめられたものです。前書きには全員のあだ名が記されています。

「私たちのクラスでは、ゆかいなあだ名をたくさんつけて楽しみました。おじさん、おばさん、しんん、クロベー、ナルやん、古ちん、神ちゃん、上ちゃん、ならちゃん、カコ……」りつこさんという私も入っています。そして――

・二百字はたいぎい。たいぎいからついためてしまう。ぼくは早く四年にならないかなあと思っている。

・理科の豆電球とかん電池の時ぼくは、はりきった。人のを作ってあげたりした。それで、理科博士といわれる。うれしいようでおもしろいような……ぼくはときどきかんちがいをする。

・わたしは男子とよくケンカしてはなかされた。けがをした時、体育係の人が手当をしてくれた。こまっていた時もそうだん相手になってくれた。運動会の時、バトンを落として負けたのに、だれ一人としておこる人はいなかった。

三年生で一番楽しかったこととして遠足、運動会、見学と大きな行事や活動が書かれています。普段の生活から離れた非日常は印象深いものです。それは日常があってこそです。日課表に基づいた勉強、活動、それぞれの一コマ一コマで、話し、笑い、腹を立てたり協力し合ったり、友だちの所作の諸々を目に入れ、感じながらともに生活しています。そのかかわりのなかで様々なコミュニケーションがなされて学級集団という共同体がつくられていきます。

コミュニケーションというと、まず言語表現をはじめとする情報伝達手段を思い浮かべます。その通りなのですが、コミュニケーションのもともとの語源は、共同体（コミュニティー）をつくっていくことを意味しています。たまたま出会ったみんなで、快適で楽しいクラスにしていくのです。そのためにきまりをつくったり、協力し合う方法を話し合ったりします。同年齢集団だから気持ちは通じやすいですが、トラブルも生じるものです。みんなで知恵を出し合って解決を図っていく。そういう過程を様々に経験していくのが、学級集団という共同体づくりです。みんなで情報交換をして、知識を得て理解を深め、気持ちを分かり合ったりしてクラスの価値を共有していきます。

そのような、ある価値を共有できる共同体をつくっていくためには、情報が重要な意味をもちます。学級では、教科などの知識や技能とともに情操にかかわる感性、思いやりといった様々な情報が行き交う。その情報の背後には、人々の長い歴史、幅広い他者世界の文化などの時空を超えた普遍的な蓄積が受け継がれていて、互いにその価値を確認し共有する。子どもと子ども、子どもと教師の営みは、単に現在かかわり合っているのではなく、背後にある蓄積を含めた営みだと思います。

情報交換には、発信者と受信者が必要です。発信者が発信して、受信者がそれを受けて変化をすること。受信者が何も変化しなかったら、それは価値ある情報とはなりません。学習も、教師が知識や生き方、ここでいう情報を発して、受け手の子どもが受けとめることができて、学習が成り立つのです。もちろん、子どもが知りたいと思っていなかったら、受けとめないし変化もしないのです。

また情報には言語で表現される知識とともに、非言語の身振り、まなざし、それに共有社会といった背景も含まれます。だからこそ、会話がなされる全体の雰囲気のなかで気持ちを分かり合ったりできるのです。しかし、いつも一緒、いいね、という具合にはいかないのがコミュニケーションの難しいところです。時には友だちに反発したり、しばらくは口もきかなかったりしながらも、相手を慮って上手に距離を取りながらつき合う術を会得していくのです。感情丸出しでぶつかり合い、喧嘩して仲直りして友だち関係を修復していく。子ども時代しかできないことを学校生活で様々に体得していくのです。子ども時代だからこその喜怒哀楽の学級集団のなかで、自分の果たす役割も模索していきます。

N君は、六年生の目標に「人の役に立つ」と書きました。最近の子どもたちが将来なりたいのは、「消防隊の人、自衛隊」などというのも、様々な社会的な状況が反映する、人の役に立つことでしょう。また「シェフ、美容師」なども、人に喜んでもらって役に立ちたいというのがあると思います。情報交換をして小学生の今を楽しみ充実して、知識・技能を獲得し、社会性を会得しながら、将来の自分を夢みているのです。それはそのまま、無自覚のうちに、時空を超えて未来へとつながっていく価値の伝承でもあるのです。

児童名簿

一五年くらい前のことです。四年生の子どもが一人で留守番をしていた夕方に電話がかかってきて、クラスの児童名簿に載っている全員の名前、住所、電話番号などを言わされた（聞き取られた）。「なんとかじゃん、と友だち感覚で話しかけてきた」ので、子どももついうちとけて信用してしまったのです。そういうことが数件発生しました。かけてきた相手は、新聞記者、テレビ局、あるいは警察などと名乗っていた。警察の生活安全課の人の話では、相手は塾の勧誘や教材の販売などが目的であり、危険視される犯罪性は低いだろうとのことでした。

個人情報について厳しく受けとめるようになった今日では、児童名簿は作成されなくなり、学校と家庭との連絡は、携帯電話へのメールが一般的です。それで、個人情報が保護されるようになったかというと、そうとはいえません。別の問題が発生し、もっと深刻なものになっています。

社会的な問題として、会社の顧客情報が数十万件盗まれたり、役所に登録してある住民の個人情報が流出したなどとニュースになってもいます。セキュリティ対策を万全にしている所であっての事態です。学校も無関係ではありません。子どもの住所や成績などの個人情報の保護管理については、いまは大分強制力が効いて厳格になっていると思いますが、人間のついうっかりということは、今後も決してなくならないのです。ここでは個人情報にかかわることとして、著作権を考えてみたいと思います。

教育現場では、子どもたちへの教育の場ということで、いろいろなことが大目にみられ保護されています。そういうなかで、テストや教材資料などを安易にコピーして使用することがあるのです。著作権のことを厳しくいわれるようになっている今日では規制は厳しくなっていますし、また子どもにも著作権という知的財産の保護について学ばせてもいます。しかし一方では、大学などで学生の書いたレポートにコピペ多用が問題となっています。高度な学者の論文にも他者の文章が断りなく使用されたりもしています。インターネットなどから自由に得られるので、著作権についてあまり厳密に受けとめることもなく、違和感もないのかもしれません。

このように社会生活の場では模倣物が多種多様に存在しています。オリジナルをといっても、もとを辿ればいろいろな資料をみて研究し、試行錯誤して自分の創作物となっているのでしょうから、完璧なオリジナルというのはなかなか難しいのかもしれません。いずれにしても安易に人のものを使って、自分の文章や作品にするということはマナーに反することだと、子どもによくよく教えておかねばならないことなのです。

かつて「児童名簿」が悪用された時代とは違って、現在ではコミュニケーションツールの多様化が進み、手軽に使用できるツールが次々と開発されています。インターネットは勿論、フェイスブックやＬＩＮＥなどのＳＮＳ（ソーシャルネットワーキングサービス）の交流サイトの普及などで、誰もが容易に発信者になれます。かつては発信者が限られていて、発信内容も公序良俗の面からチェックされていました。しかし今日では、チェックがされないままに安易に発信されてしまい、社会的混乱が生じている状況です。また、即時性や保存性などという、話し言葉と書き言葉の特徴を意識する必要もなくなって電子メールの受信者に即答を強要するなどの問題も起こります。このような混乱状態にどのように対処するか。今や教える立場の大人より子どもの方がツールの使い方に熟達している。大人として教えようがない現状です。だからといってネットやスマートフォンについて知識も技能もないまま、子どもに使用を禁止することでは解決にはなりません。これからの社会は、ますますネット技術が有効活用されてコミュニケーションが豊かになっていくでしょう。そういう社会を担う子どもたちなのです。

大人として子どもたちに教えなければならないこと、教え得ることは、コミュニケーションの根幹となるものです。それは、発信者として①盗まない（コピペをしない）、②誹謗中傷をしない、③嘘をつかない、など社会で普遍的に受け継がれてきて、そしてこれからも受け継いでほしい原則です。それを子どもたちと共有し、点検し、ツールを上手に、効果的に使っていくことをともに学んでいくことだと思います。自由に発信できる、その自由には責任が伴うのです。

また子どもたちを巡っては、ゲーム依存、ＳＮＳのトラブル、ひいては社会的なルールや生活習慣の崩れなど様々な問題が生じています。それらは、受け手の問題のようにみえますが、受信者と発信者とは別々のことではありません。個人は受信者にも発信者にもなって、ネット社会につながっているのです。混沌とした社会の状況に対処しつつも、長い間に培われた人類の叡智に、繰り返し学ぶほかはないように思います。

中国新聞にジュニアライターによる平和にかかわる活動のページがあります。彼らは発信者としてどうあるべきかの勉強もしていることでしょう。清々しく読み応えのある記事です。また、ＮＩＥ（教育に新聞を）の学習でも、新聞を先の三つの原則の目で読んでみると、記事の読み方、受け取り方の勉強になるかもしれません。話し言葉、書き言葉というコミュニケーションの形態や、日常生活でのコミュニケーションの根幹としてもこの原則は重要なことだと思います。

好きなひと

高学年になると、先生に相談したいことを書いてそっと渡すことがあります。それは主に女子です。

その一「先生へ」（手紙）

「う――ん。別にお腹が痛いわけではない。ま――その――。本当になやんでいるのだ。先生、誰にも言わないでねっ！　本当によ‼　あのね――、実はね――、私ね――、ハッキリ言って、Aくんが……好きなの。……このままだと成績が落ちるので書きました。」

「先生のお返事ありがとうございました。今日一日中、ず――っと考えました。そうじの時、廊下の水道の所をきれいにしながら考えた。今、私のやらなくてはならないこと、必要なことはしっかりした、けじめのついた子になることではないか。それが正しいとはいえないが、そういう子になれば、勉強もがんばれるし、好きなひとのことでなやまされないし、フレッシュでいいな――。しっかりしなくては――と、つくづく思いました。」

その二「先生へ」（日記帳）

「昨日のミニ日記の先生の話で、手紙を書いてみたら？　とあったけど、どんな内容でどうやって書くのかが分かりません。機会があったら書いて、どういう気持ちか聞きたいです。でも、どう手紙に表現すればいいか、あまり分からないのです。どういうようなことを書けばいいのでしょうか。教えてください。先生の言葉は裏に書いてください。」

ある日、提出された日記帳に封筒の手紙がはさんでありました。

「卒業も近い日、こんな手紙をもらってびっくりしました。なんせ、今までこんな手紙はもらったことがないので。ぼくは別にあなたのことをなんとも思っていません。それは、前の学校で『あと半年、勉強だけにせんねんしよう』と決心してから、誰一人女の子にあこがれずにいました。ぼくは、はっきり言って女ぎらいです。別に気にしないでください。」

A君のことが好き、と直接話すには気恥ずかしさがたつ、うまく言えそうにもない、友だちの目も気になる。家のひとにも知られたくないやむにやまれぬ思いを、ついに先生に伝える。それは担任が同性だからでもあるのでしょう。手紙や日記帳を何度かやりとりしているうちに、やがてなんとなく自分でクリアしていったようです。

誰かを好きになる。そのきっかけや場面はいろいろあるでしょうが、好きになるということに理由はあまりないようです。いろいろな友だちがいるなかで、あるひとが特別なひとになって、そのひとと親密な関係になりたいという思いが募ります。しかし、自分にとってどれだけ特別な存在であっても、そのひとが自分のことを特別な存在だと思ってくれるとは限らないのです。エピソードの子どもたちのように悲嘆の涙をそっとぬぐうことも生じます。こういう、自分の力ではどうしようもない現実を、それをそのまま受けとめていかなくてはならないという経験も大事なことです。それは他者という存在を認めること、特に心の領域に関することは不用意に立ち入ることはできないのだと分かります。他者との関係性のあり方を自覚的に学ぶのが、ひとを好きになることだと思います。

ひとを好きになることは、感性、感情であり心にかかわることです。それが根底にあって共有社会をつくることができると思います。一年生になって、先生が好き、このクラスが好き、友だちが好きということから始まり、安堵感をもって他者社会に入り、ひととつながり、共有社会を広げていきます。友だちが好きというのは、幼児期の受身的な感覚ではなく、自分が相手のことをしきりに思いやり、積極的にかかわっていく態度でもあります。相手の立場に身を置くことができるという思いやりは、知識・技能や社会性が身についてできるものです。社会でひとを思いやりつながって生きるという本質には、ひとを好きになるという感情が必要。またその様々な感情が育まれて、知識・技能の習得にも向かうのです。

しかし他者社会には、好きなひと、嫌いなひと、優しいひと、強いひとなど多様なひとたちがいます。そういうひとたちとうまくコミュニケーションを交わして、折り合い、共存していかなくてはなりません。他者とうまく通じ合えないという理不尽も経験しつつ、他者理解も深まり、人間関係が豊かに結ばれていくことになるでしょう。それが生涯を通じて、その時々の今を生きることだと思います。

小学校を同じくする母校の後輩と一緒に、恩師を訪ねました。終戦後間もなく小学校教師となられた頃から校長退職に至るまでの、教育の道の尽きせぬ話を伺いました。九三歳の今も教え子たちや元同僚たちとの会合をともどもに楽しんでおいでで、「自分の教育的良心に恥じない実践を」と教育へのまなざしは熱い情熱のままです。

子どもを教えるという教師の仕事ははかり知れない責任のあるものです。結果を自分で評価することはできません。それでも日々子どもたちに誠心誠意向き合っていく。そのなかで自分流が磨かれていくのだろうと思います。孤軍奮闘ではありません。同僚がいる、そしてなによりも子どもたちがいてくれます。ひとを好きになるという根底をみつめながら、これからも私の教育的良心を反芻し、育んでいきたいと思います。

あとがき

前著を出版したあと、何か書き残したことがあるように思う日が過ぎておりました。まだ書庫に残っている教育実践ノートをめくりながら、子どもの気持ちをちゃんと伝えきっていたのだろうか――という思いが強くなっていきました。子どもの姿をもう一度見直して、子どもの視点から小学校教育の実践を再検討してみたい――。そういう思いが日に日に強くなっていったのです。しかしそれをどうしたら形にできるかと逡巡しているうちに、六年の歳月が過ぎ去っていきました。

この本で著者は、小学校教育の目標を知識・技能と社会性の涵養を通してコミュニケーション能力、つまり共有社会をつくっていく能力の基礎を養うこととしました。しかし著者自身、その能力がいかに貧弱なことか、とりわけ言葉を正しく使った表現力がいかに乏しいことか、思い知らされる日々でもありました。また、子どもの視点で検討するといっても、それは教師の視点であることは否めないのです。

そのような葛藤を覚えつつ、現場で活躍しておられる小学校の先生方に、なにがしかの参考になればとの思いでようやく書き終えたのですが、読者の益に期すことができなかったとしたら、それはひとえに著者の責任です。しかし手元に残る子どもたちの記録は教育実践にとってまがうことなく貴重な資料です。読者におかれましては、拙著もさることながらご自分の教育実践のありのままの記録を、ほんの小さなメモでもできる限り蓄積され、時々の参考資料として活用なされればと、今はそれを願うばかりです。

それにつけても、子どもたちの学校生活の真摯な姿は、時を超えて今に甦ってきます。可能ならば、記録に残したすべての子どもたちを取り上げて、今まさに学級会をもようしている如く、ああだったこうだったと尽きない話を続けていたい思いです。本書に登場してくれた子どもたち、登場しなかった子どもたちすべてに、心をこめて感謝したいと思います。

ひとことおことわりしておきます。執筆資料は前述のように古い実践記録ではありますが、それでも子どもたちや保護者、先生方、地域など関係者の方々にご迷惑が及ばないように配慮しました。何卒意のあるところをお汲み取りいただきますよう、お願いいたします。

教育現場の状況は、著者の時代と比べれば比較にならないほど様々な要求と期待と責任が課せられていると感じます。そういうなかでも、子どもと喜怒哀楽を共有し、豊かな学校生活を営んでおいでの先生方に、限りない希望を寄せつつ、筆をおきたいと思います。

最後に、広島大学大学院教育学研究科教授　木村博一先生には、終始励ましのお言葉をいただき、懇切丁寧なご指導を賜りました。謹んで深くお礼申し上げます。また、このたびも溪水社の木村逸司氏にお世話になりました。すてきな表紙をつくってくださった西岡真奈美さんにも、重ねてお礼を申し上げます。

二〇一七年一月

石川律子

【著者】
石川　律子（いしかわ　りつこ）

1944年広島市生まれ。兵庫教育大学大学院学校教育研究科修士課程修了。幼稚園、小学校、ウィーン日本人学校教諭などを歴任、2004年広島市立己斐小学校長を定年退職。

著書
『仮面――小学校教師の教材探訪――』溪水社　2007年
『小学校の教師――子どもを育てるしごと――』改訂版　溪水社　2012年

小学校の子ども
――学びの基礎をみつめて――

2017年2月15日　発　行

著　者　石　川　律　子
発行所　株式会社　溪水社
広島市中区小町1－4（〒730-0041）
電　話（082）246－7909
FＡＸ（082）246－7876
E-mail: info@keisui.co.jp

ISBN978-4-86327-385-6 C1037